控局

王昊 —— 著

高手过招 控局者胜

沈阳出版发行集团
沈阳出版社

图书在版编目（CIP）数据

控局/王昊著.-- 沈阳：沈阳出版社，2024.11.
ISBN 978-7-5716-4556-4
Ⅰ.F272.3
中国国家版本馆 CIP 数据核字第 2024Y3W229 号

出版发行：	沈阳出版发行集团 | 沈阳出版社
	（地址：沈阳市沈河区南翰林路10号　邮编：110011）
网　　址：	http:www.sycbs.com
印　　刷：	三河市京兰印务有限公司
幅面尺寸：	165mm×235mm
印　　张：	12
字　　数：	144 千字
出版时间：	2024 年 11 月第 1 版
印刷时间：	2024 年 11 月第 1 次印刷
责任编辑：	萧大勇
封面设计：	乔景香
版式设计：	许　可
责任校对：	郑　丽
责任监印：	杨　旭
书　　号：	ISBN 978-7-5716-4556-4
定　　价：	59.00 元

联系电话：024-24112447
E－m a i l：sy24112447@163.com

本书若有印装质量问题，影响阅读，请与出版社联系调换。

前　言

2018年，美国的创业者帕克·康拉德在短短两年时间内，就将公司做到市值45亿美元的规模，结果由于不知道如何打理如此规模的公司，在短短一年之内就无奈宣告破产，帕克·康拉德由此被人称为"最差劲的企业家"。

一时之间，"创业容易守业难"的话题再度冲上热搜，很多人都认为帕克·康拉德只是无数失败者中的一员。美国硅谷一直都是创业者心中的创业天堂，这里每年都会诞生大量的公司，其中不乏一些非常优秀的公司。但与此同时，这里每年又会有大量的公司倒闭。可以说，绝大多数公司的生存周期都很短，企业快速崛起和快速消亡成为常态。

在中国也存在类似的情况。IT桔子曾经推出了新经济死亡公司数据库，专门记录那些新经济领域创业公司的发展情况。从2008年到2019年，中国有将近6000家新经济公司宣告破产和倒闭。这些企业大部分在2014年、2015年成立，在2016年和2017年倒闭，也就是说大多数新经济公司的生命周期只有短短的3年时间。如果进一步进行分析，就会发现大约65%的企业在3年时间内"死亡"，超过90%的企业活不过5年。

在美国情况可能更加糟糕。在20世纪80年代，美国给出了一份调研数据，他们发现在100万家初创公司里面，最终只有6家公司能够成功上市，其中90%的初创公司在第一年就宣布倒闭。其他企业也好不到哪里去，50%的小企业会在2年时间内倒闭，80%的小企业会在5年内倒闭。现在差不多40年过去了，情况正变得越来越糟。

许多人都有这样的感觉，认为现在的企业想要成为拥有百年以上历史的大企业，正在变得越来越难。从时代的发展、商业环境的变化来看，这种观点是站得住脚的，因为外在环境的变化以及整个商业市场的进化，的确让企业面临更激烈的竞争，也对企业的控局能力提出了更高的要求。

"创业容易守业难"就是控局能力差的表现。控局就是对局势发展变化的控制能力，包括对外部环境的感知和对局势变化的应对，对内部经营管理问题的把控，以及对整个大局的控制与协调。简单来说，控局就是想办法将所有有利因素掌控在自己手中，然后摒弃所有不利因素的干扰，确保事情可以向自己预期的方向去发展。

控局能力好比控制一辆车子，许多人只在意车子能不能启动，能不能快速起步，百公里加速度是多少，平均时速能够达到多少，但对车子究竟有多么稳定，究竟能够开多远，能够开多长时间，会不会偏离方向和目标，往往没有给予足够的关注。正因为如此，很多企业虽然起步很成功，发展势头很猛，但很快就会陷入困境。控局要解决的就是企业这辆车子是否能够在既定方向上稳定而持续地行驶下去的问题，就是要解决企业家守业难的问题。

影响事物发展和变化的因素有很多，而控局者要做的就是找出所有重要的因素，将有助于控局的相关要素以及阻碍控局的相关要素进行分类，要弄清楚自己应该从哪些方面入手，应该尽可能避免犯哪些错误。以企业发展为例，很多创业者在短期内获得成功，可能仅仅只是依赖一款爆品，或者依赖某一种新颖的模式，在短时间内吸引大量的流量和关注。可以说，创业大都停留在经营层面，和企业发展的最初设计有关。而守业则不同，想要让企业更好地发展下去，不仅仅要在经营方面继续提升和完善，还需要打造更合理、更高效的管理体系，并保持对市场的敏感性，需要企业真正做到内外兼修。控局是对整个企业发展环境的一种掌控，涉及的要素非常多，因此难度也更大。只有少数优秀的企业具备强大的控局能力，可以保证自己能够应对不同的环境、不同的压力以及不同的发展趋势。

企业之所以很难守住自己的产业，之所以难以将高速发展的状态持续下去，就是因为没有掌控好所有的关键要素，也没有了解更为合理的控局方法和模式。比如，很多企业只顾着埋头苦干，却忽略了市场趋势的改变，忽略了竞争局势的变化；有的企业则更加看重经营和营销的方法，却没有想过管理的重要性；有的企业竞争意识强大，但缺乏风险管控意识；有的企业立足于当下，却没有战略意识和大局观。

控局要求企业掌握更丰富的技术、谋略、方法、信息、人力资源、组织架构、企业文化、管理制度、营销渠道、应变能力、战略素养、大局观等要素。强大的技术意味着更大的竞争优势，高明的谋略意味着更高效的方法，高效的方法意味着更强的控制水准，高价值的信息意味着更精准的局势判断，丰富的人力资源意味着更完善的管理网络，完整的组织架构意味着更稳定的管理模式，优秀的企业文化意味着更强的内部驱动力，科学的管理制度意味着更高效的管控，多元化的营销渠道意味着更多的选择，强大的应变能力意味着更出色的调整能力和机动能力，良好的战略素养意味着更出色的预判能力和耐心，出色的大局观意味着更强的资源整合能力与掌控能力。

需要注意的是，控局并不是为了确保方方面面都有利于自己，也并不是完全意义上的控制和垄断市场，它更多的是维持一种有效的平衡，即员工之间的利益需要达到平衡，员工与企业之间的目标需要实现平衡，各个部门之间要达到平衡，企业之间同样需要实现平衡。换句话说，真正的控局就是为了打造平衡。当企业觉得形势开始失控时，意味着原有的平衡已经被打破了，企业需要想办法进行调整，重新配置各种要素，或者运用新的方法、纳入新的因素，重新构建一个新的平衡体系。

 控 局

　　本书就是从控局的相关要素出发，通过对相关要素的理解和掌控，以此来强化企业对局势的控制能力，提升企业在商业领域内的影响力。书中分别从培养发展思维、占领用户心智、掌握高价值信息、学习高效方法、打造运营体系、加强人才管理、强化风险管控、提高认知层次、优选控局方案等几个方面进行分析，阐述了控局的各种方法和模式，从而为企业以及企业管理者提供更加实用的控局经验。

2024年8月

目 录

第一章 用发展的眼光看问题，掌控趋势和局面

积极迎合市场变局，而不是试图对抗 / 002

正视产品迭代，不依赖单一的产品 / 005

保持战略定力，立足长远发展 / 009

提前预判，提前部署 / 012

控局必须做到边推进边调整 / 016

更大的格局，意味着更强的控制力 / 020

第二章 占领用户的心智，保护市场份额

找到自己最擅长的东西，打造竞争壁垒 / 026

精益求精，继续强化自己的竞争优势 / 029

信息时代，流量为王 / 033

精准定位，找准自己的受众对象 / 037

换位思考，堵上品牌黑洞 / 041

第三章 先掌控信息,才能掌控全局

控局的前提是学会观局,掌握高价值信息 / 046

加强内部沟通工作,提升协作能力 / 050

构建信息反馈机制,进行查漏补缺 / 054

注意引导和控制舆论,懂得为自己造势 / 058

努力制造信息不对称,为自己增加胜算 / 061

第四章 掌握合理的方法,提升控局能力

积极复盘,不断优化管理方法 / 066

把握重点,掌控事情的基本面 / 070

把握主次顺序,保持更合理的流程 / 073

做事前,先做好充分的准备 / 076

在正确的时机做正确的事 / 079

永远都要准备好备选方案 / 082

第五章　稳定至上，打造一个强力的运营体系

利用飞轮效应，找到公司发展的闭环 / 086

打造优秀的企业文化，优化企业基因 / 090

把握企业发展的底层逻辑和底层算法 / 095

保持简化的风格，拒绝复杂的管理体系 / 099

打造网络化的组织结构 / 103

领导者永远都要掌握公司的实际控制权 / 107

第六章　出色的人才管理，才能让工作稳定可控

保持包容，进行灰度管理 / 112

积极分权授权，让员工帮忙控局 / 115

强化企业制度管理，约束员工的行为 / 120

坚持以人为本，尊重并保护员工 / 123

打造一个美好的共同愿景 / 127

第七章　做好风险管控，防止局面失控

做好业务聚焦，不要盲目扩张 / 132

划定能力界限，只做自己了解的东西 / 135

保持独立操作能力，拒绝跟风 / 138

设置好止损点，将风险控制在可承受范围内 / 141

不要过度依赖杠杆去发展 / 144

第八章　想要完美控局，需要培养正确的认知

控局不是保守主义和因循守旧 / 148

重点关注过程，而不是过度关注结果 / 151

注意掌握好分寸，避免用力过度 / 154

真正的完美控局是达成一种平衡 / 158

控局的第一步就是立即执行 / 161

第九章　不同状态下，要选择不同的控局方案

大企业控局靠势，小企业控局靠谋 / 166

顺势时经验至上，不顺时寻求突破 / 169

新兴行业与传统行业的控局方案 / 173

不同发展阶段的控局方式不同 / 177

第一章
用发展的眼光看问题,掌控趋势和局面

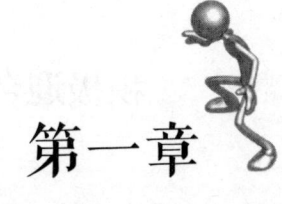

 控 局

积极迎合市场变局,而不是试图对抗

企业想要获得更加稳定、更加持久的发展,就需要更好地控制局势,也就是控局能力要强。而想要完美控局,企业需要把握两个要点,第一个要点是变化,第二个要点是顺从和引导。一般情况下,静态的、固定模式的东西相对更容易掌控,企业只要按照过去的经验和模式,或者只要明确相关要素的情况和内外部环境的基本信息,就可以制定一个相对稳定的策略和解决问题的方案。但现实情况并非如此,内外部的环境尤其是外在的市场环境往往在不断变化,这就使得企业很难用静态思维的方式真正把握住相关要素的常量,企业必须使用动态的、变化的思维来思考问题,制定更加灵活、更加有效的方案。

企业的控局并不是依靠强制手段来控制一切,确保所有的变数、所有的内容都按照自己的规划去走,这样一来,可能会与现实情况的发展趋势产生激烈的冲突。在面对这种冲突时,企业要做的不是以对抗的姿态来扭转趋势,而是要懂得依靠更富有技巧的方法来引导,真正有效的控局手段看重的是疏,而不是堵。所谓的疏,就是先尝试着尊重趋势,顺从趋势,然后想办法进行引导。就像抵抗洪水一样,真正高效的防洪是在尊重洪水流势的基础上进行疏导,将其引入安全地带。

也正是因为如此，在趋势面前，企业需要尊重并迎合市场的变化，而不是试图通过自己强有力的措施进行抵抗，强势地将局势向着有利于自己的方向扭转。大多数企业不具备扭转大趋势或者改变大环境的能力，对抗趋势只会让自己丧失更多的商机，甚至可能会让自己陷入困境。优秀的企业总是可以保持适当的灵活性，它们不会保持僵化的市场运营体系和管理模式，而是以动态的思维和眼光看待市场的发展，主动适应环境中的变局，通过适当调整，牢牢掌控好节奏，确保整个市场不会偏离自己。

肯德基的扩张就是按照这样的模式推进的。随着快餐市场竞争越来越激烈，很多快餐品牌开始加入低价营销的队伍，不断下沉市场，这对肯德基、麦当劳这样的大品牌产生了很大的影响。为了更好地控制市场，肯德基并没有盲目对抗趋势，故意用高价位宣传自己"高端快餐"的定位，而是非常识趣地提供了更加优惠的套餐，积极下沉市场，而且下沉的侧重点不是某一区域的市场，而是具体的消费群体。也就是说，无论是在北京、上海、广州、深圳这样的一线城市，还是在普通的小县城，肯德基都会推出性价比很高的快餐。

早在2018年，肯德基就开始推出"疯狂星期四"活动，大份餐品只需要9.9元起，而且非常贴心地为消费者提供主食、小吃、甜品、饮品等多款可选产品。之后，肯德基不断延长优惠的时间，将原本每周一天的优惠活动升级为星期三、星期四、星期五三个疯狂日。

许多人对肯德基的做法感到疑惑，不明白为什么这样一个大品牌也要向低价市场屈服。肯德基的经营者明白，在快餐市场多数消费者对于吃什么并不那么感兴趣，他们更加看重的是性价比和价

格，这也是快餐文化做大做强的关键，如果肯德基坚持高价位，那么很快就会失去目前控制的市场。为了继续保持自己在市场上的优势，肯德基只能迎合低价的市场环境，同时努力迎合当地的消费文化和饮食文化，推出具有当地特色的美食，从而牢牢把握市场。

在过去有很多企业，它们拥有出色的技术、雄厚的资本、完善的营销网络、强大的品牌影响力，可是在时代变化的时候，它们却鲁莽地充当起阻碍者，利用自己的技术、资本、营销和品牌力来对抗市场，结果很快被市场淘汰出局。诺基亚试图通过落后的塞班系统来维护自己在功能机领域的垄断地位，柯达一直坚持死守自己的胶卷业务来维持巨大的市场盈利，它们自以为可以依靠过去的经验，可以依赖巨大的体量和雄厚的实力，牢牢把控市场，但在趋势面前，最终都变成了无力的挣扎。

真正优秀的企业不一定非要掌控大量的资源，不一定非要控制很大的市场份额，但是它们必须具备动态思维和出色的应对能力，可以在不同的环境中及时做出调整，可以在遵守规则、顺从趋势的情况下找到更高效的方案来解决问题，确保自己对整个环境的变化能够做出有效的回应，确保相关的变化不会对企业的发展产生太多的负面影响。一般来说，企业需要想办法梳理整个局势变化的基本逻辑，找到内在的驱动力，从而把握住市场变化的核心。

需要注意的是，这种适应能力并不是一味妥协和跟随，而是在顺应时代发展、环境变化时找到更合理的突破口，或者说找到新的平衡点。企业不能随波逐流，不能完全跟着趋势去走，而要在顺从趋势的前提下找到应对变局的方法，甚至找到改变趋势的方法，而这对企业的认知水平、调整能力提出了很高的要求。

正视产品迭代，不依赖单一的产品

企业会不断发展，市场环境也会不断变化，整个市场都处于不断进步、不断完善、不断更新的趋势中，与之相对应的，市场的需求也会不断发生变化。企业想要跟上市场发展变化的脚步，想要适应市场环境，就需要正视这种变化，想办法跟随市场变化做出必要的调整。其中，最基本的任务就是迎合市场不断变化的需求，推动自家产品的迭代和更新，通过更新的技术、更好的产品来持续吸引市场的关注。

产品迭代包括产品自身功能层面的迭代和产品层面的迭代。产品自身功能层面的迭代通常是指在产品的原先版本上进行更新和升级，提升技术和功能，确保新产品比原产品的功能更加丰富。以手机为例，最初的手机只能用来打电话和发短信，随着技术的升级，手机可以用来拍照、看视频、听音乐，而现在手机更是可以作为上网和购物的工具。

从技术发展的角度来说，更新与升级是产品持续提升市场影响力的关键。从产品的成长周期来看，早期的产品往往技术含量最低，功能最单一，企业通常会依赖某一个单一功能来吸引消费者，并以此立足市场。随着市场需求不断被挖掘出来，企业也需要想办法进行功能升级或者增加新功能。这个时候，所有的升级都是为了匹配原来一批消费受众群体的需求，新增加的

 控 局

功能并没有改变产品的产业线,从本质上来说,还是属于同样的一个产品。不过任何产品都有自己的限制,比如技术不可能无限升级,功能不可能无限增加,而正是这个限制会推动产品逐步走向衰弱和消亡。想要继续保持自己对市场的掌控和影响,企业就需要改变产品线,打造一款截然不同的新产品,突破单一产品的功能限制。这就是所谓的产品层面的迭代。

产品层面的迭代是指企业为了形成比同类产品更大的优势而进行的一些前瞻性转型或升级。通常情况下,这种转型或升级会在当前产品的基础上形成一条新的产品线,推出新的产品。相比于功能方面的迭代,新产品线与新产品的推出往往具备更大的竞争优势,它可以使用全新的技术,开启全新的功能,而不是在原来的产品基础上进行补充,这些新的技术会给人们的生活带来全新的体验和改变。而对于企业来说,新的生产线与新的产品,往往可以成为企业发展新的增长极,为企业掌控局面提供更大的助力。

以苹果公司为例,苹果公司研发的iPod曾经是世界上最好的音乐播放器,它一度占据全球音乐播放器60%的市场份额,累计销量更是超过了4亿部。在那个时候,苹果的iPod击败了一系列MP3产品,成为市场上的明星。许多人觉得这款产品在未来很长一段时间内都会为苹果公司源源不断地创造惊人的利润。可事实并非如此,技术的高速发展以及需求的不断变化,完全超出了苹果公司的认知——短短几年时间里,iPod的销量就开始出现下滑。而这种下滑并非因为市场上出现了同类型的强大对手,也不是因为苹果公司内部出现了发展危机,更不是因为苹果公司的技术水平开始下滑。要知道,苹果公司先后进行多次技术升级,花费巨资投入到研发和营销推广之中,但反响平平,原先的受众群体不再对这款产品感兴

趣，新的消费群体更是对它不屑一顾。

这个时候，苹果公司意识到了问题的严重性，承认这款曾经拯救了苹果公司的超级爆品可能要在市场上消失，而且时间会很快，所以公司需要改变思路，将机会压在其他项目和新产品上。紧接着，苹果公司果断淘汰了iPod，直接开启了产品迭代模式，并花费大量资金投入到智能手机和智能电视上。正如苹果公司所预料的那样，推向市场的智能手机与智能电视很快就占领了大量的市场，并且很快成为公司新的经济增长极，这才重新让公司走上正轨。

对于任何一家企业来说，单一的产品或者单一的生产线往往是致命的，因为任何产品都会失去新鲜感。无论技术升级多么好，消费者最终都会对产品慢慢失去兴趣。企业需要适当开启多元化之路，需要拓展产品的类型，丰富产品的生产线，不断寻找更新更好的产品来替代老旧的产品，以此来维持企业运转和发展的需求，并维持对市场需求的满足。

日本的百年老店往往以专注和工匠文化著称，这些老店或者企业往往在上百年时间内只做一件事，只研发和生产一种产品。这类企业不具备太大的市场影响力，随着时代的发展和变化，越来越多这种单一化的老店开始消失，这是因为单一化的产品和经营模式根本无法迎合市场的需求，加上人口老龄化、房租等问题的影响，它们连最基本的生存也解决不了。仅仅在2018年，就有多达465家百年企业消失。

对于那些想要提升控局能力的企业来说，单一产品的风险非常大，因此

必须改变思维,寻求更加丰富的生产线。企业要想办法推动产品的迭代,不断推出新的具有吸引力的产品,从而帮助企业更好地迎合需求、掌控市场。

想要做好产品迭代,首先就要想办法提升自己的产品迭代硬实力。简单来说,就是培养和招聘更多创新型的人才,同时强化内部的创新意识,推动内部的创新行动,使企业具备优化升级产品的能力和开发新产品的能力。

做好产品迭代工作,并不意味着埋头进行创新,而要以市场需求变化为核心,或者能够创造市场需求,从而在市场上站稳脚跟。因此,企业在推动产品迭代之前,不仅需要了解市场竞争环境和竞争对手的相关情况,也需要了解市场需求,这样才能够站在市场需求、竞争优势的基础上真正做好产品迭代工作。

其次,企业需要积极做好市场反馈工作,因为产品迭代的很多思路和创意理念往往来源于客户的真实感受。客户可能会针对自己的感受和体验给出非常有用的建议,会对产品的改进和技术创新提出新的要求,以满足自身的需求,而这些无疑会推动产品的迭代。因此,企业需要构建沟通渠道,完善自己的信息反馈机制,认真倾听客户的要求和想法。

最后,尽量做到精细化,精细化的生产模式有助于企业在某一生产线上衍生出新的产品,这是推动产品迭代的一个重要方法,有助于推动企业改变产品单一的局面。

保持战略定力，立足长远发展

战略是一个企业得以长远发展的关键，企业只有制定更翔实、更完善的战略规划，才有机会去把握更大的目标。正因如此，很多企业都会重视战略思维、战略规划，并将战略规划当成企业发展的基础。

为了打造更有效的战略，著名的管理顾问罗伯特·萨嘉塔提出了打造有效战略的七个步骤。

第一个步骤，量化团队的愿景。即将那些宏大的、虚无缥缈的梦想转化成具体的、可实现的目标，以及实现这些目标所要做的事情。

第二个步骤，用直白、简单的口号来传达战略，避免复杂化、学术化内容带来的沟通障碍。

第三个步骤，规划好具体的、清晰的目标，不要模棱两可。

第四个步骤，重点关注关键内容，无价值的事情不要做。

第五个步骤，开放战略，让执行者适度参与战略规划的制定。相比于高层领导，执行者对工作更加了解，他们知道什么样的工作才符合战略需要。

第六个步骤，进行自动化管理。比如，控制工作进度、了解最新收入状况、监督活动是否偏离战略目标，以及对资本流动进行合理监控。

第七个步骤，在执行与战略之间建立一个良性互动，确保管理者可以及

时了解哪些工作是重要的,哪些工作正在推进,然后将这些了解到的信息与外部环境结合起来,以便充分了解产业发展状况、经济发展趋势、竞争对手动向,并及时调整内部工作。

制定合理的战略并不意味着企业便可以顺利实现自己的目标,因为外部环境始终不断变化,企业面临的诱惑和压力也一直都存在,而且不断变换各种形态。真正的问题在于,在长时间的奋斗过程中,企业是否具备强大的战略定力,是否从始至终都能够按照战略规划的大致方向、大致路线、大致内容去执行,是否真正具备出色的战略执行能力。

很多企业在制定战略之后,往往很难坚持按照计划完成目标,原因就在于它们的战略定力和执行力不足。那些缺乏战略定力的企业,往往会半途而废,它们一遇到困难或者诱惑就轻易选择改变自己的战略,这是抑制它们进一步成长的重要原因。而那些优秀的企业或者有成长潜力的企业,它们拥有明确的战略目标和战略方向,拥有明确的战略规划、具体的流程和实施方法,市场的变化、环境的压力以及来自外界的诱惑,并不会让它们轻易放弃自己的战略。因此,它们总是可以在充满变数的环境中坚守自己的战略目标,更有希望实现战略计划。

在索尼公司发展初期,创始人盛田昭夫带着最新研制的小型录音机远赴美国寻找合作伙伴,希望借此打开美国市场。由于产品性能非常出众,这款产品很快被一家美国公司看中,不过这家公司要求索尼替它们生产代工产品。也就是说,索尼公司生产的所有产品都要打上美国公司的商标。

这是一笔价值4000万美元的大订单,对当时的索尼公司来说,能够带来一大笔的现金流,从而促进公司快速发展。可是盛田昭夫拒绝了，他认为索尼公司的使命应该是打造日本本土品牌，应该在国际上创建一个具有优质和创新标签的科技公司，眼下的利益虽然很诱人，却并不符合公司的战略规划。一旦公司签订了这份合同，未来的局势就变得越来越不可控，公司的战略目标将很难实现，甚至有可能陷入困境。正是因为这个决定，让索尼公司摆脱了代工厂的命运，紧紧按照战略规划去走，逐渐成为世界上强大的科技公司。

战略是可以调整的，如果在执行的过程中发现战略出现了错误，那么可以直接放弃它，并制定新的战略。此外，战略的制定只是明确一个大致的方向，考虑到外在环境一直都在不断变化，企业在落实战略的时候，需要针对这些变化及时做出必要的调整。但战略调整并不意味着可以随便更改战略，只要方向没有出错，那么企业必须保持战略定力。这也是维持企业发展稳定性的一种基本措施，毕竟战略实施往往需要很长一段时间，企业必须在整个过程中保持相对稳定的执行方案、执行策略以及执行方法。

而想要保持战略定力，企业就需要立足长远，需要把握事物发展的大势，需要站在战略高度上看问题。其中，领导者必须先制定一个明确的战略方向和目标，然后要坚定信念，提醒自己无论出现什么困难，无论面对什么诱惑，都必须坚定地朝着战略目标前进。领导者还需要保持自律，严格规范和约束自己的行为，确保自己不会偏离方向和轨道，不会因为外界的波动而影响自己的意志力。

 控 局

提前预判,提前部署

2005年,苹果公司推出名为Nano的新款iPod,这款新产品一经面世就受到市场的热捧。这款产品之所以热销,很大一部分原因在于它所使用的快闪存储器比当时市面上任何一种产品的快闪存储器都大得多。令人感到意外的是,当新款iPod面世之后,市场上并没有出现其他竞争对手推出的产品。按照以往的经验,当市场上出现好产品时,必定会有很多厂商跟进,好把握这股热潮,可是这一次,苹果却唱起了独角戏。

原来,早在推出产品之前,库克就预料到这款产品必定会热销。为了避免其他厂商跟进并抢占市场,他做了一个非常大胆的决定——花费大价钱对市场上的快闪存储器进行了垄断。当时,苹果公司直接向三星公司和海力士公司这种大型供应商预付了12.5亿美元来订购快闪存储器,这笔订单直接确保这两家公司未来5年没有任何多余的时间和资源来帮助其他企业生产快闪存储器,于是市场上的供应量被完全垄断了。

很明显,库克不仅正确预判了新款iPod的火爆和快闪存储器的热销,还提前做出了部署,对产品火爆之后可能出现的市场变化进

行了精准控制，从而有效保障产品的市场垄断和利益所得。

市场越是变化，企业越需要制订合理的计划，避免事到临头缺乏应变能力，没有足够的时间和空间进行调整。从某种意义上来说，企业的应变能力就是企业控局能力的核心，企业想要应对纷繁复杂且不断变化的环境，就需要想办法掌握一个动态平衡，能够在变动的局势下继续保持稳健的经营管理，继续保持对市场的有效控制，并输出自己的影响力。

很多企业在对待发展问题时，始终处于静态层次上。它们只会按照现有的方法、策略、模式，以及资源配置水平进行规划，所有关于未来发展的想法都是基于当前的发展水平和发展模式基础上的。于是，当外界环境发生一点变动，它们就会变得手足无措，因为之前的所有准备都失效了，整个运营体系就出现了问题。而制订动态计划的企业，会充分考虑发展过程中可能出现的问题，会对竞争对手的策略进行评估，对它们的行动做出预判，会对整个市场的发展形势做出分析。这样一来，企业就可以以动态的眼光来看待问题，以动态的策略和方法合理进行规划，确保未来的变动因素都在可控范围之内。

三流的企业在变化到来时不知道怎么走，因为它们没有动态的计划和应对手段，事到临头只能按照原有的方式去运营，结果内部管理自然会越做越差，在市场上也越来越边缘化。二流的企业能够跟着变化走，被动做出反应，它们虽然缺乏提前预判的能力，整体的计划也存在很多漏洞，但是企业可能拥有备用的应对措施和一些基本的调节手段，这就确保企业不会完全脱离轨道，还能够找到控制局面的方法，但是很容易错失先机。而一流的企业在变化到来之前就知道怎么走，它们能够做到提前识局、提前布局，很早就将各种可能引发变动的因素以及变动的程度了解清楚，当变化发生的时候，

它们早就做好了充分的准备,可以牢牢掌握发展趋势,甚至引领行业的发展趋势。

正因为如此,一个企业想要实现完美控局,就一定要想办法提升应变能力,要确保自己可以对局势发展做出合理预判,并制订合理的计划来指导自己接下来的行动。

想要正确做出提前的预判和部署,企业需要做好以下几个方面的工作。

首先,企业需要了解事物发展的规律。任何事物的发展都具有典型的周期性和波动性,而这些又会直接催生出发展趋势。企业想要在经营管理中实现完美控局,更好地判断未来会发生什么,就必须了解自己所做的事情,所经营的项目的发展状况,看看它位于发展的什么阶段,波动的特点如何,然后依据这些规律对接下来的发展趋势做出评估。这种评估不一定都是准确的(没有人可以真正精确预测市场的具体发展情况),但可以提供一些大致的方向和基本的状态,企业把握了规律和趋势,就可以提前做好判断和部署,为自己接下来的发展创造更大的空间和更大的竞争优势。

其次,企业需要了解行业发展的规则。这里的规则主要是商业规则,包括如何寻找合作伙伴,如何构建或融入产业链;如何进行竞争,需要采取什么样的竞争策略;如何构建营销渠道,以及怎样提升销量;如何打造新的盈利点,以及如何拓展新的业务。越是了解更多的规则,越是有助于企业提前做好充分的准备,越是能够为企业的提前判断提供准确的依据。

再次,企业需要在分析事物发展规律与行业规则的基础上,把握市场潜在的需求和盈利点。了解企业继续做大做强的密码和决定要素是什么,是流量、推广资源、渠道、政策、法律法规、技术成本,抑或是营销成本。找到市场的潜在需求以及找出满足需求最大的要素,然后投入更多的资源和时间,强化自己在相关要素上的优势,并努力建立有利于自己的规则,确保自己对整个市场的控制力和影响力。

最后,企业要强化自己的战略思维。缺少战略思维的企业只能看到当前的局势,只能沉溺在过去的发展经验当中,对于未来会发生什么事,未来的走势如何根本无从判断。因此,企业需要想办法制定更为合理的战略规划,明确自己的战略诉求和战略目标,按照这个目标提前进行规划,提前做出业务上的部署,努力在市场上占领先机。

 控 局

控局必须做到边推进边调整

控局是为了形成一种相对稳定的局面，或者说是为了保持一种平衡，但这种相对稳定的局面和平衡，必须加上一个前缀词：动态。简单来说，企业追求的控局并不是一种静态的模型或者状态，而是动态的、发展的、变化的。更具体地说，企业的控局就是一个随时应对各种变化然后随时做出调整的过程。

以百事可乐为例，在百事可乐发展初期，由于全球市场基本上都被可口可乐垄断，百事可乐不得不另寻其他市场，于是将注意力放在了苏联身上。虽然可口可乐也曾想过在苏联出售碳酸饮料，但是在美苏争霸的背景下，苏联并没有大规模进口美国产品。正是因为如此，可口可乐丧失了最佳的机会。而百事可乐不同，它抓住了苏联同美国缓和关系的时机，顺利打开了苏联市场，逐渐积累了和可口可乐抗衡的资本。

在国际市场站稳脚跟后，百事可乐的品牌影响力逐步增强。这个时候，它决定和可口可乐开始硬碰硬，因此提出了"年轻化"的战略，它不同于可口可乐全面覆盖的策略，而是聚焦于年轻人。年

轻人本身就是可乐的消费主体，这种聚焦无疑会让百事可乐更加深入人心。果不其然，可口可乐很快被认为是古板过时的代名词，而百事可乐代表了年轻、活泼、时尚、时代，它的市场占有率逐步攀升，甚至一度反超了可口可乐。

后来，可口可乐提出了年轻化、多元化的主张，百事可乐也将年轻、多元纳入发展体系之中，两家公司斗得不可开交，整个市场开始进入寒冬，碳酸饮料也受到严重的冲击，越来越多的人意识到多糖的碳酸饮料对健康会造成较大的威胁，因此大家的消费欲望越来越低。这个时候，百事可乐提出了"健康"的口号，在低糖低热量上大做文章，并且开始收购一些年轻健康且发展势头迅猛的新品牌。

2014年，可口可乐成立了自己的创业孵化器，开始研发新兴科技，并以此来解决产品开发和企业运营等问题，但是坚持了不到三年时间就放弃了。而百事可乐则把握机会，成立了欧洲孵化器，率先在昆虫零食、海藻蛋白、桦树汁等健康食品领域进行投资，成立多个健康项目。

2017年，可口可乐宣布裁员20%，然后将部分资金投入非碳酸饮料业务，从而调整产品组合。百事可乐在这之前便在薯片、燕麦、功能饮料等方面做了业务部署，并且准备推出一个更大的健康计划，那就是在2025年推出谷物、乳饮品、水合饮品等一系列日常营养产品。

虽然，百事可乐无论是净收益还是市场份额都不如可口可乐，但是作为一个从可口可乐几乎完全垄断市场的状态中发展起来的品牌，百事可乐很好地掌控了局面，始终能够获得足够的生存空间和

发展空间，而且一直没有被可口可乐拉开太大的距离。

企业自身的发展存在诸多变化和不确定性因素，市场环境也一直处在不断变化的状态，这就意味着企业的战略计划、战略方法、具体的执行方法都必须保持一个动态的、弹性的状态，它们必须在一个更加灵活的状态下发挥应有的功效。也就是说，企业的控局策略和控局方法都必须保持边推进边调整的状态，必须随着内外环境的变化而不断调整。

许多企业具备战略眼光，但不能用动态的、发展的思维来落实自己的战略计划，以至于常常会陷入阶段性的停滞状态，甚至常常会将一种单一模式贯彻到底，结果会发现自己之前制定的策略漏洞百出，自己对局面的掌控力不断下降。真正善于掌控局面的企业，会选择更加灵活、更具弹性的模式应对各种问题，懂得随时观察周边的环境，懂得具体问题具体分析，会在不同的发展阶段使用不同的方法和策略解决问题，在整个控局过程中始终能够做到有节奏、有条理。

那么，企业应该如何做到边推进边调整呢？

首先，一定要保持战略方向和战略目标的稳定性。企业要明确一点：无论内外部的环境如何变化，都不要轻易去改变自己的战略方向，调整应该做到不轻易偏离战略方向，不违背战略目标。如果随便就更改目标和方向，那么会让企业发展陷入更大的混乱之中，控局能力会不断下降。

其次，一定要确保阶段性的调整。企业发展存在波动性，内外部环境的变化也会造成一定的波动，但是阶段内的大致情况还是稳定的，相关要素所构建的平衡也是相对稳定的，因此企业的这种调整需要控制好力度，不要在单一阶段内频繁进行调整。如果在单一阶段频繁进行调整，不仅会增加大量的成本，还会造成企业发展的混乱。

再次，企业要做到边推进边调整。只有掌握更多高价值的信息，只有对内外部环境的发展有一个更加详细的了解，企业的变革和调整才有针对性，也才能够真正解决变局带来的各类问题。

最后，企业内部的领导者要树立正确的观念。企业的管理者不要总是觉得控制局面可以一步到位，事物发展和变化都需要一个过程，因此整个控局过程也应该是渐进式的。企业需要针对环境的变化慢慢适应和调整，逐步完善自己的发展体系。

需要注意的是，很多人对于动态思维与战略规划存在较大的误解。他们认为未来具有很大的不确定性，这些不确定性本质上会严重影响企业的发展，因此在制定战略的时候，就必须确保战略也是动态的，但实际上一个好的战略应该建立在那些已经确定的、不会发生太大变化的事情上。简单来说，对于那些自己有把握控制的事情，战略的制定应该建立在那些确定性的东西上，这样在执行的过程中才有理可依，有迹可循。不过，在执行的过程中，企业或者控局者需要针对外界的变化做出调整，需要制定一些应对变化的基本策略和方法，但就战略的制定来说，把握那些稳定的、可控的要素仍旧是最重要的考量因素。

更大的格局,意味着更强的控制力

1976年,心理学家理查德·班德勒和约翰·格林德创办了NLP(神经语言程序学)这样一门学问。在这门学问当中,有一个核心概念叫作理解层次,它属于思维层次的一种表现形式。按照两个人的理解,一个人的理解层次通常可以划分为六个层次。

最底层的理解是分析"环境",身处这一层次中的人常常习惯于将发生的事情归咎为环境的影响。比如,当他们意识到自己的企业无法更好地发展时,他们会认为是大环境不好,认为整个市场都比较低迷。

比分析环境高一层的理解是"行为",这一层次中的人倾向于将遭遇的问题归咎为自己的行为。比如,当企业发展遭遇困境,内部管理低效,他们会觉得问题出在自己身上,认为自己平时管理不到位,认为自己不够自律,不是一个合格的企业家和管理者。

再高一层的就是"能力",这一层次的人通常会将事情发展的结果和个人能力联系在一起。比如,企业销售额下滑,他们会认为是自己的经营管理能力不足导致的,为了提升销售额,他们会不断学习和强化自己的技能。

接下来的层次是"价值观、信念与规则",简单来说就是人们做一件事情时所遵循的基本理念。比如,人们是如何做选择的,是选择做这件事,还是做另外的事，为什么要选择这样做，而不是那样做。在这一层次中，人们会意识到事物发展的结果和自己最初的选择有关，而这些选择恰恰来源于个人的价值观、理念和规则，毕竟个人的思想决定了他们在生活工作中的态度和行为。所以为了避免企业发展出现问题，他们会想方设法让自己做出正确的选择。

更高的层次是"身份"，即人们的自我认知。当一个人认定自己属于什么人，就需要自己做什么事情。人们对自己的身份往往有不同的定义，因此也就必然会做出不同的选择和行为。需要注意的是，身份和角色并不一样，角色可能是外人赋予的，身份更多是自己想要成为的那一类人。

最高的层次是"精神和使命"，简单来说，就是人们在做一件事时不仅仅为了完成任务，而是会认真思考自己做事的终极目标是什么。通常情况下，他们会重点强调自己和世界的关系，然后思考着如何去改变人们的生活方式，以及如何去改变社会运转模式。

当一个企业家处于环境、行为、能力等较低级的理解层次时，他们往往只会专注某一方面的内容，难以掌控大局，所以在面对不断变化的市场环境，以及内部出现的问题时，常常会表现得手足无措。真正优秀的企业家，真正具备掌控大局能力的人，往往拥有更高层次的思维模式，他们对于外界环境的变化有着更为深刻的理解。因此，他们能够找到掌控大局的关键要素，甚至能够通过更高层次的思维和行为模式来影响周边的环境，影响局势的走向。

艾柯卡是克莱斯勒公司历史上知名的领导者之一，他最初是福特公司的副总裁，因为能力太强，功劳太大，遭到了总裁亨利·福特二世的排挤，最终于1978年7月离开了福特公司。离开福特之后，

艾柯卡收到了克莱斯勒公司的邀请，但那个时候的克莱斯勒濒临破产，销售额惨不忍睹，内部管理混乱，整个公司几乎是一盘散沙。在艾柯卡上任之前，已经有好几任CEO被赶走了，显然，他们无法稳住已经失控的局面，根本拉不住这个摇摇欲坠的企业。

在上任之后，艾柯卡发现问题主要出在内部的企业文化上。很多干部根本不管公司能否挣钱，凡事只考虑自己的利益，想方设法捞好处，各个部门相互独立，相互排斥。那个时候，克莱斯勒公司竟然拥有35位副总裁，他们就像各自领域的国王一样，基本上没有什么交流与合作。正是因为如此，导致那些上任的CEO纷纷吐槽工作环境太差。他们始终停留在改造环境、提升自我能力的层面上，一上任就拿那些自私的干部开刀，严惩那些执行力差甚至拒不执行的员工，结果惹了众怒，只能被迫辞职。

艾柯卡没有这样做，他当众宣布将自己的36万美元年薪降为1美元，从而帮助公司节省开支，毕竟只有拥有更多的资金，企业才能运营。在他看来，企业家或者管理者要做的并不是从公司里拿到多少好处，而是要努力创造财富，从而为所有克莱斯勒人谋福利，为整个社会创造价值。他希望更多的人可以拥有这种使命感。

艾柯卡这样的举动，感染了很多高层干部，他们纷纷跟随艾柯卡降薪，而且积极配合艾柯卡的改革措施。于是，克莱斯勒公司内部凝聚成一股强大的合力，公司在短短3年时间便扭亏为盈。1984年，克莱斯勒破天荒地获得了24亿美元的利润，而这竟然比这家公司此前60年利润的总和还要多，而此时距离艾柯卡执掌大局只有6年时间。

大格局的人往往拥有开阔的心胸和更宽广的视野，他们能够看得更广、更远、更深，不会因为环境的不利而妄自菲薄，不会因为能力的不足而自暴自弃，不会因为眼前的利益而放弃自己的理想，不会因为暂时的困难而放弃继续努力。他们可以在更高的层次上看待发生的一切，能够从全局上进行分析和掌控，并且能够全方位地提升自己的层次，包括做事的方法、做事的策略、个人的行为模式等。

不仅如此，那些格局更大的人，还能够以更高的价值观和精神能量来影响周围的人和事。他们能够动用自己的精神能量场，形成一种正确的行为导向，影响他人的思维和行为，从而确保工作得以顺利开展。

第二章
占领用户的心智，保护市场份额

找到自己最擅长的东西，打造竞争壁垒

在国内空调行业中，很多人提起民族品牌，首先想到的就是格力、美的、海尔等大品牌。其实，除了这三个品牌之外，还有一个非常优秀的空调企业，那就是远大空调。最近两年，远大空调的发展规模不容小觑，而确保远大空调在市场上保持强大竞争力和影响力的一个重要保障，就是它的创新优势和用户体验。

相比其他品牌深耕于技术创新，远大空调不仅将注意力放在技术创新上，而且还致力于打造智能化、便捷化、低耗能与用户体验的完美结合。远大空调会为用户提供与众不同的产品，无论是出色的声控技术、智能化的湿度调节系统，还是独特的外观设计，远大空调所有的创新都是围绕着用户的体验展开的。很多用户在第一次购买远大空调后，就会觉得它是独一无二的，是一款具备人性化的产品，而这正是远大空调能够构建竞争壁垒的重要保障。

很多企业在面对市场竞争时，都会想办法打造一个竞争壁垒。这个竞争壁垒可以有效阻击其他竞争者，确保自己的市场地位、市场份额、市场效益不会受到太大的影响。而关于竞争壁垒的话题，股神巴菲特有过一个非常

形象的描述:"这是一个奇妙的、由很深很危险的护城河环绕的城堡。城堡的主人是一个诚实而高雅的人。城堡最主要的力量源泉是主人天才的大脑;护城河永久地充当着那些试图袭击城堡的敌人的障碍;城堡内的主人制造黄金,但并不都据为己有。粗略地转译一下就是,我们喜欢的是那些具有控制地位的大公司,这些公司的特许权很难被复制,具有极大或者说永久的持续运作能力。"

在巴菲特看来,竞争壁垒就是所谓的护城河,它可以保证企业在较长时间内都拥有市场竞争优势,可以保证企业在某一阶段内的市场利益。特斯拉创始人马斯克曾抨击护城河理论已经过时了,因为创新节奏的加快会随时冲垮护城河。且不说护城河理论是否合理,从阶段性的发展情况来看,企业如果具备打造竞争壁垒的能力,那么是可以有效控制市场的竞争局面的。对企业来说,想要真正对市场施加足够的影响力,想要真正吸引用户的注意力,那么一定要找到自己最擅长的东西,然后努力将其进化成为一条护城河。

那些依靠规模优势来赢得竞争的企业,就要继续扩大自己的规模;那些依赖技术创新的企业,就要坚定不移地进行创新,打造颠覆性的技术,让其他竞争对手望尘莫及;如果企业拥有得天独厚的资源优势,那么就需要继续在资源控制上得到强化,确保自己在整个产业链上的控制力;如果企业的优势在于掌控流量,那么企业的护城河就是继续拓展自己的私域流量池。不同的企业会有不同的特点和优势,最重要的是发挥优势,将其打造成为一条护城河,至少在某一发展阶段内它必须具备保护市场的能力。

许多企业在挖掘自身优势的时候,会产生一些狭隘的认知,比如认为技术好的企业往往更具市场竞争力,因此就会千方百计发展技术。然而,每一个企业面临的情况不同,盲目以技术为导向,不仅会增加自己的负担,可能会让真正掌控技术的企业占据先机。也有一些企业认为,想要控制好市场,

那么最关键的就是提升营销能力。只要一家企业善于营销，那么就不愁卖不出产品，就不愁没有市场。营销的确是控局的一个重要手段，但它并不会从根本上改变一家企业的发展态势。有的企业可以依靠丰富的营销渠道和营销手段打开市场、保护市场份额，这是它们最大的优势，但很多企业最大的优势并不在于营销，将大部分资源集中在营销工作上，只会让内部的研发、生产、资源整合等工作受到挤压。

企业想要真正在市场上保持更大的影响力，就应该进行自我分析，看清自己在市场上的定位，弄清楚自己在整个供应链中的地位以及作用，看看自己在行业中的位置，然后弄清楚决定自身地位的根据是什么，自己拥有什么优势和劣势，自己在市场上面临什么样的风险和机遇。总之，企业需要通过明确的定位来了解自己生存和发展的最大依仗。

一般来说，想要更清晰地了解自己最大的优势是什么，企业可以选择从以下几个方面入手：

——将所有影响企业生存和发展的重要因素列举出来，找出影响最大的那个要素，比如弄清楚对收益、对市场份额影响最大的那个要素；

——做好市场调研，看看消费者对相关企业的最大印象是什么，最看重这家企业拥有什么特点；

——了解是什么因素决定了自己在整个产业链上的地位以及话语权，是什么要素决定了自己在市场上能够具有一定的影响力；

——了解竞争对手的策略和想法，看看对方最忌惮自己拥有什么，看看对方对自己做出什么样的调整反应最激烈。

通过以上几种方法，企业往往可以从内外部的调研和信息反馈中找到自己的优势，然后想办法将其扩大和强化，打造坚实的竞争壁垒，确保企业能够拥有一个更安全、更稳定的竞争环境。

精益求精，继续强化自己的竞争优势

通常情况下，人们会认为那些富有创新意识的企业具备更强的控局能力，可以在竞争激烈的环境中保持更强大的生存能力。但这种印象往往是片面认知的结果，很多人受到了苹果、谷歌等少数科技公司的影响，就误认为那些创新型公司就可以实现基业长青。事实并非如此，那些依赖创新迅速发展起来的企业，最终只有极少的一部分保持了持久的耐力，多数创新型公司在经历高峰期后，很快就破产倒闭。

《精灵宝可梦Go》曾一度是全球最受欢迎的游戏，但是短短几年时间内，就迅速衰败，流失掉90%的活跃用户。类似的情况在很多企业身上都存在，它们往往能够依靠创新技术打造一款或者两款爆品，实现短期内的爆炸性增长，但同时又很快会因为创新不足而衰败下去。

针对这种状况，著名的咨询顾问公司埃森哲的拉里·唐斯和保罗·纽恩斯提出了自己的看法。他们觉得这些创新型公司没有为下一次创新做好准备，或者说它们并不具备持续创新的能力，这就使得它们在创新领域容易失控，更别说持久地掌控市场了。

 控 局

拉里·唐斯和保罗·纽恩斯认为，技术的快速发展以及对市场的快速渗透，使得企业在创新领域的突围能力变得更强，越来越多的企业有机会打造一款爆品来吸引市场的关注，勾起消费者购买产品的欲望。然而，产品的升级速度会不断加快，而这通常会超过大多数公司的控制能力，它们无法跟上技术升级的脚步，继续研发出更好的产品，也没有办法在竞争对手取得进步时，仍旧保持自己的竞争优势。拉里·唐斯和保罗·纽恩斯认为，那些爆款产品的整个发展曲线就像是一个鱼鳍的形状，也就是说，企业可以在创新领域快速见效，其产品也能迅速达到市场饱和状态，但进入饱和状态后就会迅速下降。

无法精益求精，这是企业普遍遇到的问题。无论是技术型还是非技术型的企业，在拓展业务的过程中，往往都会遭遇发展瓶颈。这个时候，企业就容易失去信心和耐心，它们会觉得自己已经达到了极限，无法更进一步，尤其是在长期的努力之后仍旧没有办法打开僵局，企业就会选择妥协和放弃。一些企业会觉得自己到达这一步已经很出色了，竞争对手很难跟上自己的脚步，因此没有必要继续花费时间和精力去提升。无论是哪一种心理，最终都会阻碍企业的发展，影响企业对市场的控制，毕竟市场会一直往前发展，当前的创新技术和硬实力并不能应对将来的发展形势。企业一旦停在原地，就可能会迅速被竞争对手甩在身后，甚至直接被市场淘汰。

正因为如此，企业需要不断精进自己的实力，需要想办法在现有基础上强化自己的竞争优势，永远确保在未来一段时间内（或者下一个发展阶段内）自己拥有更大的生存空间和发展空间。针对这个问题，著名企业家稻盛和夫提出了"将来进行时"的发展观点，他认为当前的能力并不能代表一个

人或者一个企业的发展极限，个人或者企业的发展空间往往是无限的，只要不断努力、不断进步、不断创造，那么仍旧可以获得更大的生存空间和发展空间。他说过："有关创造性的话题，我经常讲一个用将来进行时的思考观点，不是以现有的能力决定将来能做什么，而现在就决定一个似乎无法达成的高目标，并决定在将来的某个时点达成它。盯住这个目标，通过不间断地顽强努力，提高自己现有的能力，直到在将来的某个时点达成既定的高目标。如果只以现有的能力判断今后能做什么，不能做什么，就根本无法开拓新视野，现在做不成的事，今后无论如何都要把它做成，这种强烈的使命感才可能开辟一个新时代。"

任何一个企业都应该具备这样的发展思维和使命感，要不断创造、不断进步，努力去挑战那些难度更高的目标，努力去推动自己不断进步，不断累积。在这个过程中，企业需要克服惰性心理和妥协心理，不能被眼前的困难阻挡前进的脚步，也不要轻易因为眼前的成功就感到满足。企业在立足当下的同时，必须思考下一个阶段的发展，必须保持战略耐心，逐步找到应对未来竞争局面的方法。

大疆就是一个典型的例子。作为一家科技公司，大疆多年来始终在无人机市场保持绝对的竞争优势，没有任何一家公司可以像它这样在无人机市场具备强大的影响力。而决定大疆行业地位和影响力的关键就在于它拥有强大的技术，在于它拥有精益求精、将技术打磨到极致的企业文化。这也是为什么大疆每次推出新的产品时，都可以做到比上一代产品进步很大。大疆的公关总监在谈到公司的成功时，做了这样一番总结："大疆能成功的关键是做建设。大疆做的事情在很长时间里都没人看好，为什么要做这个东西，有什么用？可这就是工程师文化的关键：不是用利益驱动，而是追求自己的兴趣，将技术钻研到极致，市场和商业机会是对钻研的回报。"如果没有这种精益求精、追求极致的拼搏劲头，大疆是难以成为市场领头羊的。

在心理学当中，慢回馈理论有两个核心特点：第一，从小开始做大，一步一个脚印成长起来；第二，不断精进，不断提升，获得更大的成长空间和更多的积累。把一件事情从小做到大，从大做到强，从强做到更强，推动这件事从量变实现质变的跨越，就是典型的慢回馈。企业也需要建立这样的理念，通过不断进步、不断发展来提升自己，同时要保持耐心，不要操之过急，一步一个脚印去走，推动自己变得越来越优秀。

第二章 占领用户的心智，保护市场份额

信息时代，流量为王

在谈到可口可乐的发展时，许多人认为它之所以成长到现在的规模，就是因为产品具有很强的竞争力，可是如果对可口可乐上百年的发展史进行分析，就会发现，它并不是在所有时段都保持充分的产品竞争优势。考虑到其他饮料公司的冲击，可口可乐的产品并不像想象中那么好，至少这种优势并不明显。

可口可乐之所以可以获得市场持续百年的青睐，并一直保持市场领先地位，很大一部分原因在于它通过早期的市场扩张，已经积累了大量的消费者。消费者的大量增加反过来又提升了可口可乐的品牌效应，这样就可以收获更多的消费者。

可口可乐的这种发展模型就是一种网络效应。网络效应也被称为产品的社会扩张效应，简单来说，商品或服务的价值往往会随着使用者的增加而提高，当形成足够大的规模时，就会形成一种网络，此时相关的企业进入高速扩张阶段，并吸引更多的消费者和客户，从而推动企业的产品或服务价值再次获得提升。这样就形成了一个有效的循环，企业会变得越来越强大，市场地位越来越稳固，影响力越来越强，竞争对手想要击垮它所要付出的成本也越来

 控 局

越大。

投资大师查理·芒格与股神巴菲特曾经算过一笔账：如果一个经营团队想要打造出一个类似于可口可乐这样的饮料品牌（规模接近、品牌价值接近），将会付出难以想象的成本，即便是世界上最优秀的营销团队，想要完全复制可口可乐的品牌，恐怕花费1000亿美元也不行。需要注意的是，两个人在当时提出这个观点时，可口可乐的公司市值仅有150亿美元左右。

如果用现代商业思维来分析，那么推动可口可乐长期保持饮料行业头把交椅位置的重要原因就是流量，它拥有世界上最多的用户，自然也就掌控着最大的消费流量。只要掌控这么大的流量，那么它就能够更好地掌控市场，更好地推进产品的更新换代。对于其他企业来说，情况也是如此。企业的经营管理活动是围绕着市场来开展的，企业的发展最终取决于市场的反应，而市场就代表了消费者和用户，代表了流量。如果没有足够的流量，那么企业的营销计划和品牌建立都会受到很大的影响。

在信息时代，流量是企业发展最大的资源，也是最值得依靠的资源。IBM曾经拥有世界上最强的创新能力，可是它没有掌控流量，或者说它的技术无法转化成为流量，因此它只能慢慢被对手赶超。腾讯公司之所以能够在多个领域保持强大的影响力，很大一部分原因就在于它掌控了巨大的流量，所以它可以同时开展多项业务，可以同时投资很多不同类型的公司，而且不用担心竞争对手会对自己造成太大的挑战，因为它在很多时候可以通过流量来控制竞争。

流量可以转化成为最直接的市场份额和经济效益，企业控制了流量就等于控制了发展大局。那么，在信息时代，企业又该如何掌控流量呢？

首先，要懂得打造一款具有用户黏性的好产品。通过强大的用户黏性，产品在推向市场后就可以在短时间内获得更多人的关注，可以吸收大量的消费者，而这些消费者又可以在自己的生活圈和社交圈中去推广产品。

以微信为例，微信最大的撒手锏就是拥有强大社交功能。用户在下载和使用微信后，可以快速建立和丰富自己的社交，并通过这个社交工具来维护自己的社交关系。也许有的人会说"我一点也不喜欢微信，我觉得它的功能设置还是不够好"，但说这话的人仍旧无法摆脱使用微信的命运，也无法跳出微信构建的生态圈。这是因为他身边的人都在使用微信，他需要通过微信向客户发送文件，向领导汇报工作情况，和朋友进行日常交流，需要在消费的时候借助微信付款……从某种意义上来说，他的生活、社交和通信都受到微信的影响，如果不使用微信，他很难融入周边的生活，也很难正常开展自己的生活和工作。微信在快速发展的过程中，所依赖的就是自己的用户黏性。

其次，要打通不同产品之间的障碍，方便进行用户迁移或者说流量迁移。对于企业来说，吸引流量最好的方法就是打造一个产品组合，确保每一款产品都可以构建自己的流量池。当流量池构建起来之后，最重要的就是保证不同产品流量池之间可以进行流量迁移与流量共享，从而有效提升各自产品的竞争力和影响力，放大企业在市场上的控局能力。像阿里巴巴、腾讯、抖音这些公司，往往会打通内部不同产品之间的流量池，确保流量共享，即便是它们投资其他公司，也会将流量引入这家公司，确保效益最大化。

最后，企业想要获得更大的流量并加以掌控，就要明确引流渠道和方法。为了获得尽可能多的流量，企业需要想办法构建引流平台，诸如内部的网站以及一些APP，打造一个私域流量池。如果条件不允许的话，也可以选择借用其他企业的引流渠道，或者选择一些公域平台，在公共流量池中获取

资源。而想要引流成功，就要做好精准的市场定位，弄清楚自己的产品是什么，最大的优势是什么，受众群体是哪些人，能够为用户提供什么价值。明确自身的定位后，就要想办法做好宣传营销工作，持续输出优质信息，确保吸引更多用户的关注。

需要注意的是，许多企业为了吸引更大的流量，会采取广撒网的模式，盲目进行多渠道引流，这种方式完全忽略了企业自身的定位。真正高效的引流模式应该是精准引流，盲目分散渠道，可能会增加不必要的成本，引流的效果也不好。

精准定位，找准自己的受众对象

1969年，特劳特咨询公司创始人杰克·特劳特发表了《定位：同质化时代的竞争之道》这篇论文，并首次提及"定位"概念。他认为"定位从产品开始，可以是一件商品、一项服务、一家公司、一个机构，甚至一个人，也许就是你自己。但是定位不是围绕产品进行的，而是围绕潜在顾客的心智进行的。"

在论文中，特劳特认为企业进行精准定位的目的就是为了占领用户的心智，就是为了让自己在用户心中留下一个很深的印象。只要用户见到或者听到这个企业，就可以联想到它的产品和服务，就能够说出它最大的优势和特色。同样地，只要用户见到了某个产品，或者享受到某种服务，就可以在第一时间联想到相关的企业以及品牌。

在谈到定位的时候，很多企业容易犯一个错误，它们会觉得清晰的定位可以让所有消费者认同自己、记住自己，可以让那些认识自己的人购买相关的产品。其实，企业真正关心的不是自己能生产什么产品，能够为用户提供什么服务，而是能够满足用户什么样的需求，企业的定位或者说企业产品的定位本质上是一种需求定位。

从市场的角度来看，不同年龄、不同地域、不同性别、不同层次、不同

 控 局

类型的人具有不同的需求,而这些不同类型的需求也就反映出市场上应该存在不同的企业定位,只不过企业在定位时应该针对特定群体的需求来进行。也就是说,企业的精准定位必须建立在自己拥有明确的受众对象基础上,也只有这样,企业才能够真正做到精准控制。

很多企业在发展的时候,往往缺乏明确的定位,或者认为企业只需要向市场出售自己的产品和服务即可。只要有产品销往市场,那么肯定会有人来购买,至于是谁来购买,它们并不在乎,或者说它们坚定地认为任何人都有可能会购买。这种面向全体消费者的企业向来少之又少,即便是那些行业领头羊,也很难真正做到全方位吸引消费者。就像海底捞一样,它可以依靠出色的服务征服消费者,但是不可能让所有消费者喜欢上火锅,也不可能让所有喜欢火锅的人都喜欢上它。许多自认为面向全体消费者的企业和品牌,往往并没有一个明确而精准的定位,而且这样的企业在发展过程中,很容易因为缺乏明确的受众对象与聚焦人群而失去特色,反而不利于企业在消费者心中塑造品牌形象,不利于把握市场。

也正是因为如此,企业在走向市场的时候,需要想办法找到一个明确的定位,需要弄清楚自己应该将产品卖给哪一类人,弄清楚自己的受众对象归属于什么社会层次。苹果手机就将自己定位成为高端品牌,受众对象也是中高端收入群体,它不会出售千元机来满足低端市场的需求,因为一旦它放开手脚进攻低端市场,虽然短时间内可以快速占领低端市场,甚至成为低端市场的垄断者,但是它的品牌效应会逐步丧失,紊乱的市场定位会反噬企业的发展,甚至直接导致企业失去竞争优势。同样地,像劳斯莱斯、宾利、布加迪威龙之类的豪华汽车定位的就是处于社会顶级的人。为了彰显自己的奢华和无与伦比的地位,它们不可能生产100万元以内的汽车,也不太可能和普通的豪华车品牌竞争,这样做只会砸了自己的品牌,会因为定位不清晰而陷

入困境。

定位通常都是有界限的，它的目的是要求企业选择一个更合适的生存空间和发展范围，而这个范围通常不会是毫无界限的。这种毫无界限的发展模式本身就不符合发展规律，也不能真正给企业带来更大的市场影响力。考虑到现如今的社会分工以及竞争模式，真正能够垄断各个市场层次，或者可以涉及各个阶层消费者的产品是很难存活下去的，因为更多的竞争对手会集中资源在某一范围内发起攻击，而它们由于更专注、更集中，竞争力往往也更大。反观那些定位不清晰或者全面定位的企业，可能会因为资源的分散、经营管理的混乱、主次顺序的颠倒而引发更大的混乱，企业会失去一个主要的进攻方向。所以，真正的定位，需要确保自身产品从用户的广谱认知中，找到一个窄谱认知的入口。

那么，企业应该如何进行精准定位呢？

如果综合内外部环境来看，最好的方法就是选择SWOT分析模型。SWOT分析模型主要分为优势（Strengths）、劣势（Weaknesses）、机会（Opportunities）、威胁（Threats）四个方面。

企业首先要了解自身的优势是什么，包括企业最擅长做什么，能做什么其他竞争者做不到的事情，市场所赋予的标签是什么，最近一段时间完成了什么样的项目，在市场上或者在整个供应链中的地位如何。

劣势则强调企业不擅长做什么。比如，企业面临什么样的问题，这些问题中有哪些难以解决；在哪些方面的竞争中存在明显的短板，或者明显处于弱势；看看最近一段时间企业经历了哪些项目的失利，这些失利中哪些是因为自身实力不足或者某种缺陷而引发的。

机会是指企业需要弄清楚行业中有什么适合自己的机会，环境变化和行业变化能够带来什么样的商机，自己又可以从中获得什么好处；未来几年时

间里，企业的规划是怎样的，是不是能够契合环境变化和潜在的市场需求。

威胁主要包括企业所处的行业内有什么较大的变化，而在这些变化中有什么是对自己发展不利的；主要的竞争对手最近在做什么，是否制定了什么重大的战略，又是否参与了一些重大的项目；企业在面向市场时，在哪些方面无法满足客户的需求；内部环境的变化是否会破坏企业的战略安排，是否会影响企业的收益。

一般来说，从优势、劣势、机会、威胁这四个方面进行分析，就可以全方位地了解企业适合做什么，适合怎么做，以及应该如何扮演好自己在市场上、在产业链和生态链当中应该扮演的角色。

换位思考，堵上品牌黑洞

许多企业费尽心思想要构建一个优秀的品牌，然后依靠品牌来占领用户心智。然而，在品牌建设和品牌宣传的过程中，常常会发现无论自己多么努力地做宣传，无论自己多么努力地提升综合实力，为品牌注入更强大的能量，消费者经常会对品牌产生一些负面看法和偏见，企业所做的努力有时候就像陷入黑洞一样，根本没有任何意义。

这就涉及一个很常见的现象——品牌黑洞。品牌黑洞理论在2007年的时候正式被人提及，并迅速引发了很多专业人士的讨论。这个理论完全不同于传统"扁平式"的品牌管理思维模式，而是将品牌与消费者放在一个立体维度上进行分析的全新品牌管理思维。

在谈到品牌以及品牌建设时，许多人常常从企业的角度和立场出发进行分析，认为品牌建设完全是企业自己的想法，企业需要从自身的情况和需求出发，打造一个更具生命力和影响力的品牌。但他们忽略了一个事实：品牌和消费者之间本身就存在一些盲区，企业在打造品牌的时候，一味从自身的立场出发，而忽略了消费者的想法，会导致品牌在建设过程中出现一些较为隐蔽和消极的管理盲区，即所谓的品牌黑洞。品牌黑洞会在消费者购买产品以及感知品牌魅力的时候制造各种麻烦。

 控 局

　　一般来说，品牌黑洞存在三条基本公理。

　　首先，消费者和企业永远不可能站在同一个平面上认识品牌。消费者通常只会从自身的角度和立场思考问题，而企业的思考也立足于自身的角度，这就导致双方的认知存在偏差，双方无法站在同一平面上看问题，品牌与消费者之间也就更容易出现各种误解。

　　其次，品牌黑洞会影响品牌传播的力度，并且导致消费者对品牌很难完全认知。也就是说，即便品牌传递的思想很完整、很充分，消费者也可能会产生误解。

　　最后，企业一般会针对性地输出某些信息或者隐藏某些信息，以确保消费者对品牌产生更深的印象。可是在很多时候，企业越是想要隐藏某些信息，消费者就越是想要知道；企业越是想要消费者相信某些信息，消费者反而越是不容易相信。

　　品牌黑洞的存在会导致消费者对品牌产生误解，而对品牌认知不足、认知偏差，甚至产生不信任，会影响品牌对用户心智的占领，也会减弱品牌的影响力。正因为如此，企业需要正视品牌黑洞的存在，同时想办法加强企业与消费者之间的沟通，想办法站在消费者的角度考虑问题，尽力了解消费者的真实想法和真实需求，将双方拉到同一个平面和层次上思考问题，降低消费者对品牌的误解。

　　不仅如此，企业还需要做好品牌宣传工作，将企业的基本信息、相关产品的内容以及品牌知识呈现给消费者。整个过程应保持客观自然，不要有太多刻意的修饰或者隐藏，以免引起消费者的抵触心理。企业可以引导消费者去一步步认识相关的产品和品牌，帮助消费者构建更加深刻、更加完整、更加合理的认知。

　　为了降低品牌黑洞的影响，也为了减少信息盲区，企业除了进行换位思

考以及对品牌进行客观宣传之外，还需要选择合适的受众对象。只有精准把握消费群体，企业才能更好地将信息传播出去，才能够更快地引发受众目标的情感共鸣，并确保企业能够收获一批忠诚的消费者。

以比亚迪为例，在新能源汽车正式崛起之前，几乎很少有人会给予比亚迪很高的品牌定位。在多数消费者眼中，比亚迪就是一个低档次的汽车品牌，是一个只会模仿而没有核心技术的汽车组装公司。虽然比亚迪为了缩短自己与其他大汽车公司之间的差距，不断磨炼和提升自己的技术，在产品质量、人机工程、电池制造等方面突飞猛进，但是它的品牌知名度一直没有得到实质性的改变。而造成这一现象的一个重要原因，就在于它对于品牌建设的认知与消费者眼中的品牌建设存在差别。

对于比亚迪来说，品牌建设的核心就是技术，只要掌握了更好的技术，只要企业的硬实力得到提升，那么品牌认知度自然会得到大幅度提升，企业自然会获得更多消费者的关注和认可。可是对于消费者来说，品牌建设虽然和技术提升有一定的关系，但是品牌建设往往是企业文化建设的一部分，他们对于品牌的认知更多时候是一种主观体验。只有那些有文化底蕴（软实力的一部分）的企业，才拥有更大的品牌影响力，而这正好是比亚迪的弱项，因此，他们对于比亚迪的印象一直不太好。

此外，比亚迪的品牌负面形象在很多消费者心中已经根深蒂固了，不少消费者对于比亚迪会产生抵触心理，并常常进行盲目抹黑。而针对这些情况，比亚迪的营销与公关工作并没有做到位，始终坚持从自身的立场出发，却忽略了消费者真正关心的内容是什

么,致使相关的信息传播造成了一些负面影响。

针对这些情况,比亚迪开始积极进行调整,主动去了解消费者的心理,关注用户的真实需求,同时认真学习现代市场营销理论,重新开始了品牌建设工作。品牌建设工作中一个非常重要的工作就是讲故事,比亚迪认为那些好的品牌都有自己的故事,而这些故事也是企业文化的重要组成部分。在讲故事的时候,比亚迪将先进技术转化为品牌自信,又将品牌自信升华为民族自信。比亚迪推出了以唐宋元明清来命名不同的车型,以朝代变化来代表车型的更替,这让比亚迪拥有更深厚的文化底蕴。也正是因为如此,比亚迪的品牌形象逐步得到改善,并成为新能源领域最具品牌影响力的企业之一。

对于企业来说,品牌黑洞是客观存在的一种普遍现象,它会阻碍消费者对企业以及品牌建立正确的认知,从而影响企业对市场的影响力。为了更好地占领消费者的心智,为了更高效地提升品牌影响力,企业需要正视品牌黑洞,多进行换位思考,多了解消费者内心的真实想法,并以此作为品牌建设的重要依据。

第三章
先掌控信息，才能掌控全局

 控 局

控局的前提是学会观局,掌握高价值信息

众所周知,企业或者个人如果想要做好一件事,那么首先要做的就是了解这件事,掌握更多相关的信息。同样,想要真正控制好局势的发展,想要确保局面不会失控,那么就要想办法了解局势,而前提就是学会观局。所谓观局就是对局势进行调查,搜集相关的信息,然后以此作为采取下一步行动的指导和依据。

有人曾做过调查,发现大约80%的创业公司很快就面临失败,而造成失败的一个重要原因就是盲目入局。这里谈到的盲目入局主要包含了两种心态:一种是跟风创业的心态;另一种心态就是项目投资跟风。跟风创业者并没有真正想好要做什么,也不清楚自己能做什么,他们只是单纯地想和其他人一样通过自主创业来致富。这种跟风创业的人可能根本没有任何创业投资的经验,也没有太强的经营管理能力,甚至于他们根本就不适合创业,他们只是为了跟风便硬着头皮证明自己有能力成为一个创业者和老板。跟风创业者往往会因为能力不足、准备不足而陷入困境。

项目投资跟风的创业者有创业的打算,但是没有弄清楚自己适合做什么,于是跟着投资一些热门项目,或者说他们知道自己适合做什么,也有意向做什么,但是由于受到其他人的鼓动,也会跟着在一些热门项目上创业。

这两种创业者存在一个共同的问题，那就是在不了解局势的情况下就盲目入局，结果在一些自己不了解或者不擅长的领域陷入挣扎。观局能力的缺失，使得他们无法在第一时间掌握高价值的信息，也无法做出正确的判断，更没有办法制订合理的计划。

善于观局的企业和个人会看势，也能够看懂局势，它们通常比其他竞争对手更加懂得如何控局。一般来说，在进入某个市场之前，它们不会轻易投入大量资源参与竞争，而是选择观察市场，看看行业的发展前景，看看当前的竞争环境如何，对整个宏观形势进行研判。相比于那些着急入场的企业来说，善于观局的企业更加看重信息。它们会将与当前市场相关的高价值信息全部搜集起来，了解行业的发展趋势和市场竞争的基本局面，弄清楚行业的发展层次与市场的需求饱和程度，看看整个产业链的结构是否合理，产业发展的关键环节和重要资源是什么。它们还会找到那些主要参与者和竞争对手的相关信息，厘清自己与竞争对手之间的关系。同时，它们还会搜集政策指导信息，看看相关产业在未来经济体系中扮演的角色，看看相关产业是否是获得了国家的政策支持。了解这些基本信息，有助于企业更好地分析市场将会发生什么，市场拥有什么需求，从而做出更加准确的判断。

在了解相关信息之后，企业要进行深入分析，看看自己是否有必要进入市场。这个时候，通常需要考虑自己的适配度，了解自身资源与目标局势所需资源的契合度，因此需要额外分析自己的情况，明确自己的优势是什么、缺点是什么，发展的潜力和局限性是什么。如果进入市场，自己应该采取什么样的竞争策略和发展模式，应该如何打造一个更加全面的、科学的发展计划，整个计划需要根据所掌握的信息进行有针对性的部署。比如，明确了解自己应该做什么（包括具体的项目、方向）、为什么要做（做事的动机和原因是什么，目标是什么）、什么时候做（合理选择做事的时机）、在哪里做

 控 局

（了解市场在哪里）、让谁去做（对内做好专业人员安排，对外则寻找合适的合作伙伴），具体怎么做（做事的策略、方法以及工具），弄清楚这些问题有助于企业制定更加详细的策略和执行方案。

需要注意的是，观局不是一次性的，观局的目的是搜集高价值信息，了解市场动向，了解环境中的各种变数，从而方便企业及时制订更加完善的计划，确保接下来的所有行动合理有序地推进。整个市场是不断变化的，自身的发展也会带来一些变数，因此企业需要边推进边观察，边观察边推进，确保自己在一个动态发展的状态下制订合理的计划。当然，这些计划也不是固定的，会随着工作的推进而做出相应的调整、修订和更新，确保整个计划的落实符合现实发展的需求。

比如，比亚迪新能源汽车在进军欧洲市场时，先做了大量的市场调研，包括欧洲人喜欢什么样的车，欧洲人的驾驶习惯和最喜欢的驾车体验，欧洲人最喜欢的车型，欧洲人对中国新能源汽车的看法，等等。与此同时，比亚迪还特意对欧洲市场的新能源汽车发展情况做了调查，对竞争环境也进行了分析。2013年，比亚迪开始尝试着将大巴车出售到欧洲市场，并且在法国和匈牙利建立了大巴车组装工厂。

由于反响还不错，比亚迪开始尝试着将旗下的新能源轿车推向欧洲市场。由于不确定市场能否接受，2021年，比亚迪直接将老款唐EV推向挪威市场，因为挪威是电动汽车普及率最高的欧洲国家。结果比亚迪老款唐EV在一年时间内卖出了2300多辆，这样的成绩在国内市场上根本不算什么，但是对于比亚迪这样的新型汽车公司来说，能够在汽车发源地的欧洲抢占市场，无疑是一个巨大的进步。2022年下半年，比亚迪开始全面进入欧洲市场，汉唐元三个系列的车型全部亮相欧洲市场，至此，比亚迪边推进边观局的策略取得了预期的效果。

随着时代的不断进步，越来越多的企业开始强调动态计划的制定，并积极实行滚动式的生产经营计划。这要求企业必须拥有在执行的过程中持续观察局势和判断局势的能力，必须具备搜索和整合相关信息的重要能力。

加强内部沟通工作,提升协作能力

企业想要实现完美控局,一定要确保企业内部的稳定。而要想确保企业内部稳定,就要做好内部的沟通和交流工作,确保内部可以形成一股合力,大家可以通过合理的分工协作实现企业的发展目标。

如果对那些优秀的企业进行分析,就会发现它们之所以可以实现完美控局,不仅仅是因为它们拥有很强的技术,或者拥有丰富的资源,抑或具备庞大的市场规模,很大一部分原因还要归功于内部出色的协作机制。当整个企业拧成一股绳,在同一个战略方向上发力的时候,它就具备了强大的竞争力。而且,企业内部的协作和统一,可以保证整个企业的管理更加轻松和高效。而这种协作机制的确立通常离不开高效的沟通,从某种意义上来说,拥有合理的沟通机制,可以让企业内部的信息流通更加精准、更加高效,可以确保整个流程更为顺畅。

而那些患有大企业病,拥有严重本位主义的企业,通常存在沟通不畅、信息闭塞的问题。企业内部各部门相互封闭,并不乐于分享信息,员工只专注自己分内之事,只想着如何在完成任务的基础上实现个人利益最大化,因此在很多时候直接选择一种孤立的工作状态。这种工作状态使得整个企业内部出现一个个信息孤岛,整个企业的工作体系也处于分散化、破碎化的状态。当企业内部无法及时共享信息，缺乏及时有效的沟通时，整个企业的工作效率就会不断下滑。不仅如此，沟通不畅与信息的缺失，会直接影响企业内部的管理效果，管理者对于企业的控制会不断弱化，因此需要花费更多的时间和精力来约束其他人的执行行为。

在管理学中，不少人都推崇执行力三角理论。在他们看来，执行力的核心三要素就是信息、意识（心态）和行动。信息往往决定一个人的意识和心态，而个人的意识和心态决定自身的行动，个人在行动中又会产生新的信息积累。很多企业之所以存在执行力低下的问题，可能并不仅仅是执行意识缺失，而在于信息沟通不到位。由于没有良好的信息沟通机制，导致一些高价值信息缺失，员工之间的工作联系被打破。只有确保信息交流顺畅，员工才能在主观上做出合理的判断（员工并不完全是被动执行者，他们也需要在某些工作中保持一定的主观能动性，需要自己做出决策，而这种决策有赖于更好的信息沟通机制），才能更好地决定自己应该怎么做，应该怎样进行配合。

微软公司就非常注重内部的沟通与协作。为了提升内部的团队合作水平，公司要求员工在工作中要保持密切的联系，以确保分工的效率。比如在研发Windows 2000时，微软公司安排了超过3000名开发工程师和测试人员参与到这个项目中，而这么多的工程师和测试人员不能各做各的事，所有人都必须相互沟通、相互配合，及时分享自己的研究成果和存在的错误，从而为其他人的研发工作提供便利。正是因为这种出色的沟通与协作机制，整个研发团队最终在写下5000万行代码后完成了这个巨大的工程。

事后，很多人都在称赞微软公司拥有大量的人才，都在强调微

软公司的创新精神,却忽略了它在沟通管理以及团队协作方面的水平。对于这样一个规模庞大的公司,想要确保所有人都可以保持同步的执行状态,仅仅依靠制度是无法实现的,必须打造一个具有很强控制力的工作体系,而支撑这个体系的就是团队内部的沟通文化以及以此为基石的协作精神。可以说,如果没有强大的沟通,如果没有高度统一的团队精神,整个团队是不可能做到如此默契、如此和谐、如此高效的,整个工程也不可能顺利完成。

考虑到信息沟通对于企业发展和稳定的重要性,很多企业非常注重构建高效的沟通机制,甚至会打造一些内部沟通的平台。像阿里巴巴、腾讯、百度、Facebook这一类科技公司,会在内部构建一个内网和公共交流平台,所有内部成员都可以进入这个平台进行提问,向其他同事寻求帮助。当问题出现在公共平台上时,各个相关部门会针对性地给出答案,或者提供必要的帮助。在完成某个重大项目时,所有的参与者不仅仅按照制度要求去做好本职工作,所有的管理者和执行者都会定期进行沟通和交流,将各自的工作情况告知其他人,确保大家的工作始终保持在一个正确的节奏和频道上。

除了构建高效的沟通机制和沟通平台之外,企业需要积极推动沟通文化的建立,培养员工的沟通意识与沟通能力,让他们养成多提问、多交流的良好习惯。需要注意的是,一些日常交流不仅可以拉近彼此之间的关系,还可以培养员工之间的默契度,使得内部工作变得更加默契,联系也更为紧密。

欧洲有很多企业会采用导师制度管理新人,公司内部的每一个老员工至少要带领一个新员工,新员工扮演学徒、助手以及同事的关系。在工作中,新老员工必须相互配合,而这种配合的默契就建立在平时的经验传授以及日常交流当中。新员工在工作中遇到难以解决的问题的时候,需要在第一时间寻求老员工的帮助。而老员工除了在工作中提供帮助之外,也要在生活中给予新人更多的关心,这种交流有助于强化双方的关系。

总之,信息流通的水平会影响内部协作水平,也会影响企业的工作效率,企业管理者必须做好内部的信息沟通工作,将信息交流当成管理的核心工作来对待。通过信息的顺畅流动,来构建一个更加高效、更加团结的作战团队。

 控 局

构建信息反馈机制，进行查漏补缺

企业的所有经营管理策略、方案以及方法，往往都不是一蹴而就的，它们往往在一种动态发展模式中形成，最重要的特点是它们常常随着企业的发展而不断完善、不断改进。这种动态发展和调整的模式通常都建立在对客观信息进行二次了解的基础上，简单来说，就是在实践中获取新的信息，而这种信息获取往往来源于信息反馈机制。

企业的发展并不完全是主观管理的结果，任何企业想要健康发展，不能仅仅依靠管理者的主观意识去控制，而要在了解客观事实的基础上制定策略。因此，企业需要不断从外界获取更多的信息，用来指导自己的行动。

很多企业在经营管理的时候，常常没有意识到相关的工作流程其实是一个闭环。比如，它们常常会将产品出售到市场上当成企业一轮经营活动的终结，在它们看来，企业的经营流程就是先研发和生产相关的产品，然后做好质量管理工作，接着运用营销手段进行宣传，最后消费者购买产品。当消费行为产生之后，就意味着企业经营活动已经结束了。这样的流程设计存在很大的问题，企业如何保证自己的产品是好是坏，消费者对相关产品有什么看法，消费者是否会继续购买相关产品等，企业无法得到相关反馈。很明显，许多企业忽略了售后服务的环节，而售后服务往往能体现一个企业对市场的

控制力和影响力。

合理的流程应该是打造一个闭环，企业通过生产、营销，将产品推向市场之后，需要通过自身的服务体系来了解具体的消费情况，然后针对这些消费情况来指导产品的研发和生产。可以说，服务体系就是构建这个闭环的关键环节，也是推动企业不断进步的重要步骤。而打造一个完善的服务体系，信息反馈机制不可或缺。

信息反馈是获取信息的一种重要机制，作为执行体系中的一个重要组成部分，它是推动企业不断完善和改进发展策略、发展模式的一种重要方法。对于企业来说，信息反馈主要来自两个方面：第一个是消费者和客户在购买产品、享受服务之后提出来的一些看法，包括对产品的认同、赞扬，以及针对不足之处提出来的一些建议和意见；第二个是执行者在执行任务的过程中，要向上级如实汇报工作中存在的问题以及市场的反馈，还有企业的相关政策、策略和方案在落地之后的具体实施情况等。

前者主要针对市场，因为企业的发展必须以市场需求为主导。市场上的任何变化都会对企业的发展造成影响，因此企业需要保持敏锐的市场感知能力和完善的市场信息反馈体系，确保企业高层可以在第一时间内了解市场上的相关情况。后者则更多在于内部管理机制的完善，是企业验证和践行相关政策、方法的一种机制，目的是强化对企业的控制，以及提升企业运行的效率。

那么，企业应该如何构建信息反馈机制呢？

想要构建完善的信息反馈机制，最重要的就是设置更加高效的信息反馈渠道，为信息反馈的相关工作奠定基础。比如，企业可以直接在一线员工与高层之间开通一条沟通热线，包括开通电话热线，开通邮箱，一线员工有任何问题都可以直接向高层反映情况，公司会立即对所汇报的内容进行审核，

并迅速分析和解决。或者也可以建立一个内网，员工会将相关的情况反馈到内网平台上，然后所有内部人员都可以看到这些信息，并针对性地给出解决问题的方案，或者为问题的解决提供必要的帮助。内网上可以安排一些专业的信息搜集人员，负责搜集与整理相应的信息，在初步审核之后，上报给高层进行处理。

很多时候，员工的信息反馈行为是被动出现的，管理者如果想要了解更翔实的信息，那么完全可以直接找一线员工或者相关的执行人员进行面谈。面谈时，负责人或者分管领导应该向员工准确地告知自己想要了解什么内容，想要获取哪些方面的信息，而员工则应该如实相告，甚至提出自己的看法。

谷歌公司就一直鼓励员工主动接触高层，向高层反馈工作中的情况。公司规定，每个人都可以获得零距离接触高层反馈意见的机会，并且积极为员工创造这样的机会。无论是谷歌的两位创始人，还是公司的首席执行官，他们都会选择在周五的时候，与员工在食堂里共进午餐。在吃饭的时候，员工们可以自由提问，可以自由表达自己的工作感受，可以提出自己的想法、意见，或者直接反馈工作中常见的问题。

对外方面，企业则要设置售后服务机构，为消费者和客户提供各种专业的指导和服务。消费者和客户可以将交易或者消费过程中遇到的问题反馈给企业，也可以针对相关的产品和服务给出自己的看法，售后服务机构则需要想办法将相关信息反馈到高层那里。比如，很多企业会在线上线下打造一个服务中心或者服务平台，消费者和客户有任何需求、想法，都可以直接到服务中心咨询。服务中心会定期将消费者的想法进行整理和汇总，及时反馈到公司总部。公司总部则会依据信息分类进行分析，然后及时调整自己的经营管理策略，对产品和服务进行相应的提升。

除了设置售后服务机构搜集信息之外，企业也可以主动出击，通过市场调研的方式进行回访，看看消费者说了些什么，看看消费者对企业相关产品和服务有什么要求，对企业的经营管理提出了什么意见和建议。这种回访式的市场调研往往体现了企业的责任感，体现了企业对消费者的重视、对市场的重视。

需要注意的是，为了保持信息反馈的及时性与高效性，企业还需要制定更为严格的管理制度，明确规定那些有意阻碍信息反馈或者有意隐藏重要信息的行为会受到严惩。这样就可以在制度上约束内部信息反馈人员的行为，确保他们能够在第一时间将重要信息反馈到负责人那里，以便在第一时间制定合理的应对措施。同时，企业也可以对那些主动反馈有价值信息的人给予必要的奖励。无论是内部员工，还是消费者，只要提出了有价值的意见和建议，那么企业就会依据具体的情况给予奖励，从而推动更多的人参与到信息反馈工作当中来。

 控 局

注意引导和控制舆论，懂得为自己造势

为了更好地控制局势，企业通常需要掌控更加雄厚的资源，比如技术、人才、渠道、原材料、权力、信息、产业链等。而在信息资源当中，有一种信息形式非常重要，那就是舆论。相比于其他资源，舆论具有一些天然的优势，那就是具备市场引导和市场控制的能力。舆论是企业软实力的一种重要表现，也是企业对外输出和拓展影响力的关键。

很多优秀的企业，为了提升市场知名度，为了打造良好的品牌形象，往往会选择发动信息战，积极引导和控制舆论，让更多的人认识到企业和品牌的价值，引导人们对企业建立起"更合理的认知"。从某种意义上来说，这一类信息战的主要策略就是不断造势，争取在舆论层面为自己的发展提供助力，在舆论层面引导大家的认知，确保情况向着有利于自己的方向发展。

信息战的常见形式就是营销，而营销的关键在于流量。企业发动信息战和舆论攻势，强调自家产品的性能和价值，目的就是吸引更多的人关注自己的产品。比如，苹果公司为了帮助产品打开销路，在每年的新产品发布会之前就开始造势，从而确保全世界的主流媒体以及消费者都会对发布会产生足够的关注。在这些造势方式中，苹果公司通常会侧重于强调创新，突出新产品、新功能、新体验，在产品还没有正式销售之前，苹果公司便已经掌控了

局面，吸引了惊人的流量。

营销不仅仅局限于产品营销，还包括企业形象的展示。为了塑造正面的、健康的形象，企业需要坚持正确的舆论导向，向更多的消费者和客户展示自己的形象，提升企业的品牌影响力和社会地位。比如企业在发展过程中，通常会重点关注经济效益和社会效益，在强调经济效益的时候，企业往往会大力宣传自己的营业额（是否突破了百亿元）、市场地位（是否是行业前三，是否是世界500强），产品的质量与品牌影响力（是否是国家免检产品，是否是知名品牌）。在强调社会效益的时候，则强调自己对社会的贡献，比如组织和参加了什么公益活动，参与了什么重大的社会工程建设，为社会创造了多少就业岗位，缴纳了多少税收。

信息战还体现于企业的竞争需求，企业之间的竞争不仅仅在于资源的竞争、技术的竞争、人才的竞争、企业文化的竞争、管理体系的竞争，也包括舆论上的竞争。从某种意义上来说，谁能够掌控舆论，能够在社会舆论中获得更多的支持，谁的社会影响力就更大，在竞争中所展示出来的能量就越大。舆论竞争往往包含了谁的技术更好，谁的产品更出色，谁占据主导地位等。在舆论战中，有一种常见的形态就是专利战。

专利战在很多时候并非为了向其他公司收取专利费，更多时候还是为了借助舆论来打造自己技术领先的品牌形象，向所有人表明自己才是行业中的领头羊。因此，专利战是一种非常划算且实用的市场策略，目的是在舆论上占领高地。

企业发起信息战，借助舆论来造势，在当今的社会竞争体系中变得尤为重要。随着科技的发展，人类社会已经进入信息时代，从某种意义上来说，信息已经成为最有价值的资源，谁掌控了大量高价值的信息，谁就拥有更大的竞争优势，谁就拥有话语权获得主导权。

企业本身就围绕着市场来生存，而利用舆论在市场上造势，可以让市场对自己有一个更加清晰明确的认知，让消费者和客户对自己产生更深刻的印象。从博弈的角度来说，消费者对于企业发展的相关信息并不了解，甚至可能存在一些误解和偏见，而利用舆论造势，可以扭转大众的错误认知，同时引导大众对企业产生更好的印象，这样有助于企业拓展业务。

需要注意的是，引导和控制舆论并不意味着企业可以随意操控舆论，颠倒是非黑白，也并不意味着企业可以宣传一些违背主流价值观的错误观念。在利用舆论为自己造势的时候，企业需要确保对大众进行正确引导。

努力制造信息不对称，为自己增加胜算

在某条商业街上，有多家水果店打折促销自己的苹果，原先7元一斤的苹果都以5元的价格出售。促销打折活动造成了更为激烈的竞争，为了尽快出货，不少商家直接将价格降到了4元，其他一些商家只能选择跟进。为了抢占市场，一些商家甚至考虑以3元的价格出售。就在这个时候，一家水果店却率先打出了涨价的牌子，将7元一斤的苹果直接涨价到10元。许多人对此感到惊讶，其他水果店巴不得降价出货，这里却还要涨价，这不是直接断了自己的销路吗？

事实却截然相反，在摆放好涨价牌后，这家水果店的生意反而好了起来。原来很多消费者在发现水果店涨价后，猜测这家水果店的苹果可能与众不同，或许是新品种，因此纷纷进店购买。

在这个案例中，这家水果店之所以打破常规，在其他竞争对手降价时选择涨价，很重要的一个原因就是信息。可以说，无论苹果是降价还是涨价，决定性的因素都是信息。其他商家纷纷选择打折促销和降价处理，最重要的原因就是消费者已经知道了苹果的行情，而商家接二连三的降价又验证了这一点。因此，消费者知道"商家如果不继续降价出售，那么这批苹果就会烂

在手里"。这个时候，消费者只想继续等待商家将价格降到更低的水平，而不是出手购买苹果。与之相反的是，当一家水果店选择逆势而上涨价时，消费者就会失去判断。他们并不清楚商家的想法，也不清楚这些涨价的苹果是不是同一批（他们没有这些苹果的相关信息），因此只能按照常理来推断，猜测这些涨价的或许是不同类型、不同批次的苹果，甚至可能是进口水果。

在这里，选择降价的商家已经毫无遮掩地将"苹果不好卖"的信息透露给了消费者，而宣布涨价的商家则巧妙地制造出信息不对称，让消费者对自己的产品产生疑惑。而这就给自己的营销带来了便利，同时完美地控制住了"苹果贱卖"的危局。

信息不对称在日常生活中非常常见。比如，管理者通常都掌握着更多高价值的信息，相比之下，员工则处于弱势地位，他们对于工作的认知，对于企业发展的战略规划，对于局势的分析，对于环境的认知，明显比管理者要低。又比如，普通消费者去菜市场购买萝卜，可能会觉得某个小贩那里打折的萝卜很便宜，只要2元一斤，而平时菜市场里的标价都要2.5元一斤。这个时候，消费者会认为自己得了实惠，大家纷纷跑到他那里去买菜。可实际上，小贩从农户手里收购的萝卜，可能还不到0.5元一斤。

信息不对称使得消费者无法掌握那些关键信息，而制造巨大差价的主要因素恰恰就是这些关键信息。如果消费者能够了解萝卜的进价，直接从农户手里购买，那么就可以买到更为便宜的萝卜。从某种意义上来说，企业或者个人做出的大多数决策都是建立在对信息的理解基础上的，人们会依据现有的信息对所面对的事情进行判断和分析，然后制定相应的执行方案。而一旦信息不足，或者掌握的信息没有对手丰富和完整，又或者没有像对手那样掌握最关键、最有价值的信息，那么就可能会做出误判。

企业正是利用了消费者对产品相关信息的不知情，掌握了信息优势，并以此作为控制市场的手段。信息不对称往往是客观存在的，而企业要做的就是努力放大这种不对称的效果，引导对方进入自己的布局，然后利用信息的控制权来控制市场，或者在竞争中把握更大的主动权。

想要制造信息不对称，企业可以从以下几个方面入手。

首先，企业要掌握那些关键信息，毕竟只有关键信息才能够对事物的发展趋势产生主导作用。比如，为了在谈判中确保利益最大化，那么就要了解产品的真实价格以及成本，确保自己从一开始就能够牢牢把握主动权。企业掌握的信息有很多，但并不是所有的信息都值得重视，只有那些最重要、最关键的信息才能作为博弈筹码。

其次，企业要尽可能在第一时间掌握那些有价值的信息，而且最好抢在别人前面。等到别人也获取了相关的信息，企业就很难依靠这些信息来控制局势朝着有利于自己的方向发展了。在当前这个社会运行体系中，信息的流通速度非常快，企业必须保持敏锐的感知能力和快速的信息搜集能力，确保自己总是领先一步。

最后，为了维持信息不对称，企业必须想办法做好相关信息的保密工作，不要轻易透露信息。必要的时候，企业甚至需要释放一些虚假信息迷惑对手，从而更加巧妙地制造信息不对称，保护自己的信息优势。

第四章
掌握合理的方法,提升控局能力

控 局

积极复盘,不断优化管理方法

考虑到事物始终处于不断变化和发展的状态,控局的方法和手段也需要不断进行调整。这种调整有时候会存在一定的滞后性,也会存在错误,那么这个时候就需要想办法进行反省和复盘,看看自己的控局方式是否合理,存在什么漏洞,需要从哪些方面进行改进,又具备什么亮点和优势。

复盘是人们对自己过去的行为和流程进行回顾、梳理的行为模式。人们需要在回顾工作任务的过程中,看看自己的决策、方法和策略源于何种思维模式,看看是什么条件在支撑自己的行为,然后评估相关的思维模式和支撑的条件是否合理,自己对于形势做出的判断是否存在什么漏洞。一般来说,企业进行复盘的目的或者原因比较统一,比如复盘是为了及时找出错误,避免下次再犯同样的错误;复盘是为了建立团队的共同认知,大家可以通过复盘实现认知上的对焦;复盘是为了发现新的知识和思路,大家在一起回顾、分析和讨论,从更高、更深、更广的维度进行分析,能够催生出新的想法;复盘是为了固化和优化流程,确保大家可以统一行动;复盘是为了弄清事情背后的东西,就像所有的管理问题本质上都是人的问题一样,复盘有助于深挖问题背后的信息,找出最本质的东西。

对于企业来说,复盘是一项非常重要的工作,是强化内部管理以及掌

控市场的重要保证。在复盘的时候，相关的复盘者必须回顾整个流程，找出流程中存在的错误、漏洞，看看哪些环节需要修正，哪些内容需要补充或删除，哪些方法需要改进和完善。及时有效的复盘可以为接下来的执行活动提供更为合理的指导，确保企业在经营管理方面牢牢掌控主动权。

在复盘方面，阿里巴巴一直都做得很好，比如在每年的4月或者10月，阿里巴巴就会开启战略复盘的工作，整个集团会从上而下层层部署，确保第二年度的战略更为合理。在复盘的时候，阿里巴巴针对具体的事（方法、技术、工具）、人（态度、行为）、组织（架构、流程、机制）进行一个整体的复盘。

阿里巴巴会特别针对工作的方法、技术进行复盘，看看存在什么样的漏洞和改进空间，确保获得更为高效的做事方法和更先进的技术。接着公司又针对执行者的工作态度和具体的工作行为进行回顾，看看谁的工作成绩更好，谁的工作没有达标，然后查看这些执行者的工作态度，看看他们是不是充满了热情，有没有存在拖延症，有没有对工作丧失新鲜感和责任感。与此同时，阿里巴巴对整个组织机构进行复盘，弄清楚企业内部的管理机制是否合理和完善，有没有产生良好的管理效果；企业内部的工作流程和管理流程是否合理，是否存在漏洞；公司的整个管理框架和组织团队是否能够满足日常管理的需要，是否能够保证企业的正常发展。

在复盘中，阿里巴巴会重点关注那些出现的异常情况。异常情况是指那些原本不应该出现却出现了的事情，以及那些原本应该出现却没有出现的情况，这些事情的变化完全超出了预期和计划范畴，因此属于较大的变数。阿里巴巴会重点分析这些异常情况，弄

 控 局

清楚公司为什么事先没有任何察觉，弄清楚公司为什么没有制订相应的工作计划和具体的应对措施，而公司内部的预警系统和应对机制究竟存在什么样的不足。通过这种复盘，阿里巴巴可以对这些突破边界的突发事件和意外事故有更多的了解，从而针对性地做好部署，避免类似的情况再发生。

正是因为阿里巴巴坚持全方位的复盘，才使得它在过去20多年时间里可以快速发展，并成长为行业内的巨头。

复盘行动有助于企业提升调整能力、控制能力和自我完善能力，那么企业应该如何进行复盘呢？复盘的方法和模式多种多样，企业可以按照自己的需求选择适合自己的方法。一般情况下，企业在复盘时可以重点把握四个步骤。

首先，回顾目标。了解自己最初的期望结果是什么，要达成什么样的目标，是因为什么原因做这件事，以及计划着如何做这件事。需要注意的是，在明确做事的原因和目标之后，最好可以确定一个清晰明确的、可以量化的目标或者具有里程碑性质的标志，如果目标难以做到量化，那么就很难实现期望中的结果，整个复盘也就缺乏参照。

其次，评估结果。评估结果主要是看工作结果与原定目标之间存在的差距。在对比的过程中，最重要的是学会定义问题，简单来说就是找出哪些地方做得很好，哪些地方存在不足。通常情况下，复盘需要数据支撑，只有提供多维度的数据，执行结果与目标的对比才更有意义，也才更加直观。在定义问题的过程中，一定要保证将"目标"和"结果"之间的差异清晰地描述出来。不过在这个阶段，复盘者要做的不是着急找出出现这种情况的原因，也不用立即寻找解决问题的方案。评估结果是为后面的复盘行为打好基础，

因此复盘者在评估结果时需要保持客观理性的状态，同时也不要忙着划分和推脱责任。

再次，分析原因。复盘者需要弄清楚为什么做事的结果与预定目标会存在差距，努力分析为什么有些地方会做得好，有些地方会存在不足。无论事情完成得好与坏，复盘者都需要想办法找出最关键的原因，包括主观原因和客观原因。

最后，总结规律。这是复盘中非常重要的环节。复盘者需要在分析原因之后总结个人的得失心得，总结工作经验，看看是否有什么规律性的东西值得思考，然后思考下一步的行动计划。在总结规律的过程中，要注意避免轻易下结论，觉得自己应该这么做或者应该那么做，这样可能会因为误判而影响下一步的计划和行动。

需要注意的是，在复盘的过程中，相关的团队需要保持良好的复盘态度。比如，参与复盘的人要保持开放的心态，集思广益，听取不同的意见和建议；参与复盘的人要坦诚表达，说出自己内心真实的想法；参与复盘的人要实事求是，尊重客观事实，凡事不能太过于主观；参与执行任务的人需要及时进行反思，勇敢指出自身存在的不足。只有端正态度，整个团队才能真正将复盘工作做好，也才能够真正通过复盘获得有价值的东西。

 控 局

把握重点，掌控事情的基本面

一家企业如果想要控制局势，想要推动事物按照自己的布局或者按照自己所期望的方向发展，并不一定要在方方面面都强化自己的控制力，也不需要在细枝末节上都施加影响力，因为企业不可能将资源平均分配到任何一个地方。因此，想要掌控大局，企业必须做最有把握的事情，抓住可以抓住的东西，控制住自己能控制的事情，实现关键事项上的精准聚焦。对于那些自己无法做到的事情，对于那些没有把握做好的事情，企业管理者要保持开放包容的心态，从容面对这些不可控制的东西，不要在一些非原则性的事情上浪费时间和精力。

以管理为例，企业所推行的所有管理政策、制度、条例和方法，都无法深入到管理的细枝末节上，很多细微的问题或者不会对主体任务造成困扰的环节，管理者往往会选择让员工自己处理。管理者最重要的任务就是确保工作的大致方向不会出错，确保所有的人都可以保持在一个正确的方向和节奏上，他们更多时候会关注那些能够影响团队目标实现的关键要素。

在如何维护市场收益方面也是如此，影响企业在市场上表现的因素有很多，企业不可能会列出所有的信息，然后针对性地制定相应的应对策略和方法。这对任何一家企业来说，都是一项艰巨的任务，而且大量的人力、物

力、财力、时间投入也会导致成本的飙升,这样不利于企业的发展。企业真正要关注的是那些影响局势变化和发展的关键要素,真正应该把握的是那些在事物发展中起决定作用或者主导作用的关键因子。只有把握住关键要素和重点内容,企业才能够了解事物发展的大致情况,同时把握住事物发展的主要方向,控制事物发展的基本趋势,确保局面不会失控。

海天味业就非常善于重点突破,在控制市场的时候,它就会坚持把握重点。海天味业本身拥有酱油、蚝油、调味酱、醋品、鸡精等8大系列的产品,但是知名度最高的却是海天酱油,公司投入最多资源的也是酱油。原因很简单,酱油是整个调味品市场上占比最大的。比如在2023年,酱油在国内调味品市场消费细分市场占比就达到了51.46%。海天味业重点拓展酱油业务,有助于强化它在整个调味品行业中的优势。

除此以外,海天味业还将注意力主要放在了餐饮行业,推出来的酱油也被认为具备"饭店味"。许多人会感到疑惑,为什么海天味业不直接满足普通家庭的消费需求呢?原因在于国内调味品中40%的市场被餐饮行业占据,家庭消费只有30%左右,另外30%则是工业用途。更何况饭店味的酱油本身就对普通消费者更具吸引力,很多人都会觉得饭店的饭菜更香、烹饪更专业。按照收入划分,餐饮行业的销售收入占据了海天酱油总收入的60%。与此同时,海天酱油在餐饮市场上也牢牢占据领先位置,基本上消化掉了20%的市场份额,排名第二的品牌甚至连它的三分之一都不到。

所谓的把握重点往往具有多种形态,企业可以按照具体的发展需求来明确重点，包括大客户、主要竞争对手、主营业务、关键事项、关键流程以及流程中的关键环节、关键资源、关键人才等。只要在事物发展以及工作中扮演重要角色、发挥重要作用的因子，都可以当成重点，企业要做的就是确保这些要素是可控的。

在不同的场景中，企业会有不同的需求，会制定不同的控局方法，也会把握不同的重点内容。比如，在涉及内部的团队管理和项目管理时，只要把握关键资源和关键人才，然后重点关注那些关键流程以及流程中的关键环节即可；在涉及对外竞争的时候，关键资源、关键人才、主营业务、主要竞争对手等内容需要企业重点关注。

抓住重点还体现为直接对事物内在规律的掌控，作家达里奥曾经说过，人们需要对影响自己的那些事物的规律进行考察，从而抓住其背后存在的因果关系，然后学习有效应对这些事物的相关法则。通过这样做，人们将有效把握每个'再现的情境'背后的机理，并逐渐在头脑中勾勒出一个'意境地图'，以应对该情境的出现。随着人们对这些关系的理解不断加深，就能看到隐藏在复杂事物中的实质。人们就会明白自己所面对的事物究竟属于哪种类型，并自然而然地运用正确的原则渡过难关。接着，现实会向他们发出强烈的信号，给予回报或者进行惩罚，以体现他们的原则在实际活动中的运用效果，这样人们就能学习如何去调整这些原则。对于企业来说，无论是内部管理还是市场管控，首先都要做到对内在的管理逻辑和规律有所了解，这样才能更好地掌控好事物发展的方向和节奏。

把握主次顺序，保持更合理的流程

众所周知，顺序代表了一种秩序，代表了地位和重要性。任何事物的发展都有一个基本的发展顺序，只要顺序对了，事情的发展也就流畅了；做任何事情也都有一个基本的顺序，顺序对了，解决事情也就顺畅了，人们在控制事情发展趋势时就变得更加高效。

企业管理者每天要面对和要处理的事情有很多，大大小小的事情具有的作用和价值不一样，对企业发展的重要性也不一样，如果没有一个明确而合理的规划，所有的事情就会乱作一团，不仅会影响办事的效率，也会影响最终的绩效。比如，企业将一些不重要的项目完成了，但是一些重要的工作却搁置在一旁，或者企业同时着手在不同的工作上忙碌，最终什么工作都没有做好，导致内部工作陷入混乱。

对工作顺序的设定和强化，是企业控制好工作流程的一个重要步骤，也是掌控全局的一个重要保障。企业可以将所有要做的事情列举出来，然后进行排序，看看什么事情应该先做，什么事情应该后做。在排序的时候，通常需要对相关事情的价值和意义进行了解，通常情况下可以按照事情的重要程度来设置做事的顺序。

比如，在把握事情的主次顺序时，可以选择使用时间四象限法。时间四

象限法是著名管理学家史蒂芬·柯维提出来的,柯维按照重要和紧急两个维度将日常工作任务划分出四个象限:既紧急又重要、重要但不紧急、紧急但不重要、既不紧急也不重要。

第一象限中包含了紧急而重要的事情,这一象限中的事情具有重要的意义和价值,对相关事物的发展会产生重大影响,而且非常紧急,因此需要尽快完成。第二象限中的事情虽然并不紧急,但是重要性不言而喻,执行者需要花费时间认真分析,做好充分的准备完成它。第三象限中的工作往往非常紧急,但价值并不大,属于可做可不做的类型,如果有其他更加重要的事情要做,那么完全可以将这些紧急的事情适当延迟。第四象限的工作几乎没有任何价值,它们既不紧急也不重要,没有必要在这些事情上浪费时间。

按照时间四象限原则,企业需要重点把握第一象限以及第二象限的工作,然后想办法做第三象限的事情。从控局的角度来说,企业更多时候应该重点解决那些重要但不紧急的事情,因为做紧急的事情往往缺乏足够的准备,这反而不利于企业将事情做好。因此在很多时候,真正最应该关注的是那些重要但不紧急的事情,然后想办法做其他事情。

一般情况下,企业都会按照时间四象限法或者类似的方法安排工作,或者更具体一些,可以直接将所有的工作列好序号,然后直接按照序号一个个完成任务。每天列好顺序的工作最好都要完成,没有完成的工作,第二天必须重新排序。

在美国,很多公司不仅非常看重员工的工作能力,还看重他们的工作策略,其中一项就包括对自身工作的计划和安排。这种计划和安排不仅仅停留在哪一天要做什么事,还要明确每一天的具体工作计划,比如每天上班后第一件事要做些什么,接着做什么,然后再做什么。这些公司希望员工可以养成良好的工作习惯,能够按照自己的计划去完成每一天的任务,而不是随心所欲地安排和管理自己的时间。

公司会要求每一个员工在前一天晚上制订第二天的工作计划,将所有重要的工作列在一张纸上,然后按照自己的实际需求列好工作顺序。员工必须每天都保证先将那些最重要的工作完成,并确保整个工作计划不会受到影响。当工作计划中的第一项任务完成之后,员工就要在这项工作任务之后打钩,接着开始执行第二个任务,然后按照顺序不断完成后面的工作任务。

特斯拉创始人马斯克、亚马逊创始人贝索斯、微软创始人盖茨,他们都是非常典型的工作狂,而且非常自律,做事非常严谨。他们会严格规定每一天的工作安排,每天先做什么,后做什么,以及每件事要花费多少时间做完,都会进行精确的规划,绝对不会轻易浪费一分钟时间,也绝对不会容许自己在一个混乱无序的状态中工作。也正是因为如此,他们始终可以牢牢掌控好公司的发展,确保自己的管理工作不会出现太大的漏洞。

许多企业在管理工作中,常常会忽略顺序的重要性,管理者通常只知道自己需要做什么,需要在哪些方面去做好准备,可是却没有想过如何去做才能更高效、更顺畅地达成目标,而把握顺序就是关于如何执行的重要内容。顺序是一种势,它代表了一种规则,一种规律,也代表了一种能量的传递标准,当顺序被打乱了,对于势的控制也就乱了。不按照顺序出招,可能会违背事物发展的基本规律,也会打破原有的规则,最终导致企业的力量输出出现错乱。

 控局

做事前，先做好充分的准备

百思买曾是北美地区非常知名的电器零售商，一度占据美国和加拿大家电卖场市场70%的销售额。2006年，百思买进入中国市场，为了抢占零售市场份额，斥资1.8亿美元收购了家电零售企业五星电器75%的股权，然后在2009年买断了五星电器剩余25%的股份。可是，这一次收购并没有让百思买打开中国市场。百思买在收购五星电器后选择了双品牌运营模式：五星电器仍旧选择国内家电零售商的运营模式，主要向供应商提供场地租赁；百思买则选择北美地区的家电零售商运营模式，自行买断商品进行运营。结果，五星电器的发展势头很好，百思买的自有品牌却没有找到合适的盈利模式，企业连年亏损。2011年初，百思买的9家门店宣布关闭，并遣散了所有员工。

在电商正式发展起来之前，家电零售商的生意都很火爆，国内的大中电器、国美电器、苏宁电器都是当时行业中的翘楚，百思买在北美的强大影响力足以证明这个外来品牌的强大。那么，为什么在北美市场呼风唤雨的百思买在国内却面临这样的困境呢？

原因就在于百思买在进入中国市场之前根本没有做任何准备，既没有做市场调查，了解北美市场和国内市场的区别，也没有针对自己的零售业务进行拓展和创新，除了收购五星电器之外，它的所有运营模式都是照搬北美地区的。这样草率而敷衍的国际扩张显然不严谨，也不合理。且不说国内市场的商业环境、市场成熟度与北美的确有差异，国人的消费习惯和品牌认知度也是一个问题，而这些都是百思买没有认真思考过的问题。

由于事前没有做任何有效的准备，百思买头脑一热就杀入中国市场，最终陷入发展的泥潭。百思买的品牌认知度不仅没有办法和本土的几个大型零售商相比，和沃尔玛超市这样同属北美的零售商相比也没有任何优势，面临这样的困局，似乎也在预料之中。

"凡事预则立，不预则废"，想要让事情尽可能按照自己的意愿去发展，想要事情的发展结果迎合自己的心意，在做事的时候就需要提前做好准备，确保自己在行动之前就拥有足够的资本和资源去支配，确保自己拥有足够的操作空间去将事情调整到最佳的状态。个人在做事的时候是如此，企业在发展和拓展业务时同样如此。充分地准备，就等于成功了一半。

那么，企业究竟应该如何做好充分的准备呢？一般来说，企业可以从五个方面去执行，即常规知识储备、工具和资源准备、对未来进行规划、制定应对措施、反复练习。

"常规的知识储备"指的就是通过不断地学习和内部培训，确保员工能够掌握自身岗位上所需的专业知识和工作技能。一般来说，员工掌握的知识越多，学习到的技巧和积累的经验越丰富，日后在执行任务时的工作效率越高。因此构建良好的学习氛围，打造健全的培训机制非常重要，企业需要确保员工在执行任务前具备了完成基础任务的能力。

"工具和资源准备"是指团队准备好在执行任务或实现某个目标所需

的工具和资源。通常在项目展开之前，团队管理者应该列出所需的人员、技术、资金、工具、材料和时间，然后提前做好准备，保障资源的充足，为接下来的工作打好基础。

"对未来进行规划"是指对团队未来的发展趋势进行分析，然后针对性地制定一个发展规划，明确发展的目标和方向。进行规划的时候，重点要考虑做事的方法和原则，以及做事的基本步骤和流程。只有做好以上这些工作，企业才能够在一个相对稳定的状态下前进。

"制定应对措施"是指团队在正式实施项目之前，要及时制订计划以及应对意外事件的方法，并对可能出现的结果进行合理预测。一般来说，企业应对措施越是完善和丰富，企业在运作过程中遇到问题时就越容易得到解决，所承担的风险也就越小。为了确保应对措施有效，企业在打造一套应急管理体系时，最好组建一个应急小组，制定相对完善的应急预案和相应的应急管理制度，提升团队应对突发事件的能力。

"反复练习"是指在正式实施项目前反复进行模拟演练，增加做事的经验，提升做事的技巧，并且通过练习来寻找漏洞，及时进行补充和完善。

一般来说，企业在做准备时，可以制定一个完善的计划，这个计划中就可以包含员工培训机制、资源准备、未来规划、应对措施、反复练习这几项内容。整个计划一定要尽可能翔实，相关的工作内容必须明确清晰，最好用数据进行量化处理，确保执行者能够知道具体要做好哪些准备，以及准备到何种程度。不仅如此，计划的制定离不开一个明确的执行方案，而且必须准备好相应的执行备选方案，确保计划的合理实施。

总之，准备越充分，对相关事项的控制以及对潜在的各种变数的应对就越有效，这件事情就越是会向着预期的方向发展。

第四章　掌握合理的方法，提升控局能力

在正确的时机做正确的事

在控制局势的时候，人们需要明确一点："势"本身就具备一定的方向性，只有把握住了正确的方向，才能够真正把握事物发展的"势头"。不过，仅仅控制方向还是不够的，掌控者必须在战术上做出更好的调整，因为"势"的走向和发展往往受到外界各种因素的干扰，因此会呈现出一定的变化，表现出一定的周期性和波动性。只有在合适的时机出手，才能够真正控制好节奏，在迎合周期性变化的时候，找到最好的受力点。

做正确的事往往是一种战略诉求，关系着企业未来一段时间内的发展方向和成长空间，从某种意义上说，战略方向和战略诉求是控局的根本，毕竟只有做正确的事，企业的能力和控制力才能彰显出来。企业想要实现精准控局，控局者除了选择一个正确的方向、正确的选项，以及追求正确的目标之外，把握正确的出手时机同样很重要，合理的时机可以提升控局的效率。选择正确的时机是战术要求，目的是通过更高效的方式掌控局面，战术上的设计往往是成功的重要保障，对于时机的掌控往往关系到整个企业的执行效率。

1985年，日本在全球半导体的市场份额正式超过美国，依靠着更好的技术和较低的成本,日本人将记忆芯片变成了大众化的商品。这对美国的半导体公司尤其是英特尔公司产生了巨大的冲击,芯片利润的快速下滑让英特尔如坐针毡。当时英特尔公司的首席执行官格鲁夫非常担心公司的发展情况,同时也对自己的发展前景感到迷茫。

有一次,他和同事摩尔一起聊天,突然伤感地说:"如果我们被公司踢出去,董事会选举的新首席执行官会怎么做?"摩尔没有任何犹豫,直接说出了自己的想法:"他会立刻宣布退出记忆芯片的生意。"听到这儿,格鲁夫提出了一个大胆的想法,既然新上任的首席执行官可能会做出改变,那么为什么我们自己不能主动做出改变,放弃记忆芯片业务呢?

不久之后,格鲁夫就在公司内部的会议上宣布了自己的计划,并希望所有人都可以支持公司退出芯片业务的决定。格鲁夫认为,日本公司已经将记忆芯片做到了极致,英特尔作为一家芯片公司实际上已经"死亡",企业想要重新获得发展,那么就需要将机会放在另一个产品上,这就是微处理器。虽然英特尔在1971年就发明了微处理器,但是产品性能并不出色,因此并没有引起公司的重视。董事会对格鲁夫的决定有些吃惊,认为公司还没有走到那一步,可是格鲁夫却认为,公司到了不得不做出转型的时候,转战微处理器就是一个正确的决定,而且现在就是转型的最佳时机。这是因为微处理器的需求不断扩大,加上那个时候的IBM一直在推广个人计算机,英特尔刚好可以搭上这趟顺风车。这时的市场还没有完全成熟,无论是在美国的其他公司,还是日本公司,都没有对微处理器产生足够的重视,英特尔这个时候转型,既可以避免在芯片领域越陷越深，同时也可以集中资源抢占先机。

正如同格鲁夫所想的那样，英特尔公司在微处理器领域很快就取得了领先，并成功将微处理器打造成为英特尔最强大的产业。

企业的经营管理往往都有门道可循，高效的经营管理模式往往离不开出色的判断能力，选择正确的时机，关系着对企业发展规律的认知，关系着对外部环境的敏锐感知能力。也就是说，企业需要通过对相关事物发展规律进行分析，对潜在的各种不利因素进行综合整理，对外部环境的变化及时感知并进行分析，这样才能够弄清楚什么时候出手效果最好，什么时候出手最安全，什么时候出手可以为自己增加更多的筹码。

李嘉诚曾经说过："我只赚趋势的钱。"在他看来，无论是一个人，还是一家企业，想要在市场上真正赚钱，那么一定要善于把握趋势，要懂得跟着趋势走，要懂得利用事物发展的趋势来控制发展节奏。李嘉诚对趋势的理解不仅仅停留在"这个项目拥有很好的发展空间"，或者"这个项目非常受欢迎，正处于盈利轨道上"，他还能够把握投资时机，他知道什么时候应该入手，什么时候应该离场。尽管他不一定是某个单一投资项目中最挣钱的投资者，但一定是最稳定的那个投资人，也是综合投资收益最高的那一个。

时机往往决定了成功的概率，更决定了控局的最终效果，但对于时机的把握通常依赖于控局者对周边环境的判断和分析，也依赖于控局者对自身行为的严格控制。他们不会因为眼前的诱惑就破坏自己的判断，不会因为外在环境的变化而导致心态发生变化，他们会始终保持理性客观的态度，并合理支配自己的行为。

 控 局

永远都要准备好备选方案

众所周知,苹果手机是全世界利润最大的手机品牌,几乎80%的利润都被苹果手机挣走了。许多人都很好奇,为什么苹果手机的出货量还不到市场的一半,却可以轻松拿走那么多利润呢?有人说是因为苹果手机的价格很高,在很多手机厂商推广中低档手机的时候,苹果坚持走高端品牌路线,一部手机的价格往往在5000元以上。

其实,高价格是苹果手机拓展业务的一个策略,但并不是唯一的策略。在推行高价格的同时,它还推行极致化的低成本策略,这一策略的关键在于充分发挥苹果公司在生态链内的主导作用,它会依据自己在生态链中的地位进行议价,压缩供应商的报价。苹果公司现任掌门人库克就是一位供应链高手,据说,他每天要花几个小时来查看财务报表,对任何一笔超出心理预期的支出都要计较。不仅如此,他非常善于培养不同的供应商,促使它们相互制衡,以此来提升自己的议价空间。库克每年都会邀请供应商去苹果总部,然后苹果会安排专人在谈判桌上强势杀价,不断拓展自己的利润空间,而这对供应商来说是一个痛苦的时刻。

供应商对于苹果的压价行为往往也会感到不满，甚至发出退出供应链的威胁，但苹果公司根本不会妥协，因为苹果公司每次在寻求合作伙伴的时候，都会选择好一个替代选项和备选方案。一旦合作商退出合作，确保自己可以立即找到替代者来填补空缺。

从某种意义上来说，苹果公司在整个产业链中之所以具备话语权和议价权，很重要的一个原因就在于它不会将全部的筹码压在某一个合作商和供应商身上。无论任何时候，苹果公司都会找到更多的供销渠道，防止合作商出现问题时，一损俱损，无路可退。苹果公司会分散自己的合作，选择拉入更多的供应商，这样不仅更加安全，而且还会给所有供应商制造竞争压力。为了拿下订单，这些供应商只能在价格上不断妥协和让步，因为谁都明白一点：自己离开苹果公司可能会破产，而苹果离开它们，还可以找到一大批候补的供应商。

任何事物在发展过程中都可能存在各种变数，企业面临的内外部环境的变化可能会超出人们的预期，正因为如此，管理者不能用绝对的、静止的思维进行评估，在制订经营管理计划的时候，必须考虑到可能发生的一些意外以及潜在的风险。为了防止原定方案在解决相关问题时失效，管理者需要额外制定备选方案，在A计划之外制订一个B计划。尽管原定计划可以随时进行调整，以应对可能出现的意外，但面对一些较大的变数时，设置一个备选方案无疑可以做到双重保险，强化企业的控局能力，并且有效扩大企业的操作空间，确保企业可以掌握更多的主动权。

对于管理者来说，备选方案的设置可以适用于各种不同的场景。以销售渠道为例，为了获得更大的话语权，企业可以打造更加丰富的营销渠道，增

加不同的渠道；以项目开发为例，在设计好某种开发方案之后，企业可以设计一套替代性的方案，确保项目的实施更加稳妥。同样的，企业在开发市场的时候，可以设定一个备选市场进行开发，一旦第一选择失利，企业可以快速行动，采取第二方案，积极开发候补的市场。备选并不是为了多元化，并不是为了增加收益，而是给第一方案做一个保障，增加企业实施计划和方案的信心，强化企业控制局面的能力。

那么，企业应该如何设计好备选方案呢？

首先，负责人在处理相关事务时，应该积极发散思维，拓展思维的维度，争取从不同的角度、不同的立场、不同的方向、不同的层次切入。这样就可以从多个维度构建解决问题的方案，制定各种不同的备选方案。

其次，管理者要运用头脑风暴法，发动更多的人进行讨论和分析，让每一个参与者都提出自己的想法和看法，然后整理大家的意见和建议，制定各种不同的理念和方案。考虑到不同的方案很难形成绝对的统一，因此很多时候可以按照投票后的票数多少来决定。

最后，在设计备选方案的时候，一定要注意一点：备选方案并不是越多越好。任何备选方案的设计和准备都需要耗费一定的成本，如果备选方案太多的话，意味着要耗费更大的精力和成本，这根本没有必要。此外，备选方案太多的话，会增加选择的难度，这对管理者来说并不是一个好主意。一般来说，备选方案不要超过两个，通常情况下有一个或者两个就行了。

所有的备选方案在设计时一定要有明显的差别，所有的备选方案都是独立存在且相互排斥的。如果存在太多的雷同，或者只是第一方案的复制品，那么备选方案也就失去了存在的意义。

第五章
稳定至上，打造一个强力的运营体系

 控局

利用飞轮效应，找到公司发展的闭环

著名的管理学专家吉姆·柯林斯在调查那些卓越的企业时，发现企业在从优秀状态向卓越这一层次进化的过程中，并没有出现一些单一的起决定作用的伟大创举。换句话说，那些优秀的企业从来没有因为某一个创新而变得更加伟大，也没有因为一个幸运的突变就变得卓越，类似的奇迹瞬间通常是不存在的。即便是世界上创新能力最强的科技公司，也不会因为某一款产品而成为世界最伟大的企业，更不会因此就成为一家百年企业。真正推动企业从优秀走向卓越，依靠的是内部形成的一个巨大而沉重的飞轮，正是飞轮的不停转动推动了企业的不断进化。说得更加直白一些，企业的进化本身就是由可持续、可良性循环的商业运作模式来推动的，良性循环形成的闭环可以推动企业不断进化和发展，并确保企业在未来很长一段时间都可以保持强大的竞争力和稳定的发展。企业的创新总会有枯竭的时候，创新的产品也会丧失市场热度，但商业运作模式构建的发展闭环，却可以像一个飞轮那样，推动企业不断向前滚动。

比如，亚马逊公司构建了一个独特的飞轮。公司更多地降低产品的价格，从而有效吸引顾客，增加顾客的访问量，流量的增加

有效吸引了大量第三方卖家，第三方卖家的增加则有效推动亚马逊公司扩大销售和分销渠道的规模，销售规模和分销渠道规模的扩大又增加了公司单位固定成本的盈利能力，而这直接推动公司降低产品的价格。在这个过程中，亚马逊依靠着强大的基础设施和物流体系，通过快速配送来提升用户的体验，这是推动飞轮旋转的重要保障。

在这个飞轮中，从降低价格到销售规模和分销渠道规模的扩大，形成了一个能够自主驱动着前进的闭环。可以说，正是依靠这种商业模式，亚马逊公司得以在短时间内成为市值突破万亿美元大关的互联网公司。相信在未来一段时间内，它仍旧可以稳稳控制住发展局面，并且在市场上具有强大的竞争力。

亚马逊的飞轮效应为很多公司的发展提供了一种新的思路，很多企业都在积极利用飞轮效应来推动自己进入一个良性发展闭环，都在积极打造属于自己的飞轮或者商业模式。像苹果公司也有属于自己的飞轮和闭环，依靠着强大的iOS系统，苹果构建了一个属于自己的生态系统。首先，苹果公司依靠强大的创新技术和制造能力，生产了iPhone、iPod、iPad、iMac等产品，牢牢抓住市场，然后利用内部的iOS系统推出丰富的软件，服务于用户，并收取相应的服务费。大量的用户会形成网络效应，推动更多的APP创新者和开发者加入这个平台，而平台上越来越丰富的APP又会服务于更多的用户，这样就形成了一种极强的双边网络效应。

一个优秀的商业模式，就好比一个巨大的轮子，虽然一开始很难转动，不过只要设计合理，能够抓住那些关键要素，同时竭尽全力推动轮子。那

么，每一次的推力都会为轮子转动蓄力，一旦力量积蓄到足够突破临界点，轮子会越转越快，从而推动企业实现快速发展。

那么，企业应该如何打造属于自己的飞轮和发展闭环呢？

打造一个独特的飞轮，通常需要把握七个基本的步骤。

第一步，列举出企业已经实现的一些可复制的重大成功模式或者一些获得成功的产品。

第二步，列举出企业经历过的重大失败，包括那些远远没有达到预期的失败举措以及失败产品。

第三步，对比企业的成功案例和失败案例，从中找到那些能够组件飞轮的重要构件，最好可以找到5个左右。

第四步，列出所有找出来的构件，简单拟定一个飞轮。确定飞轮循环中最重要的那个部分，然后依次进行构思，看看接下来的部分是什么，打造一个循环路径。而在这个过程中，企业需要解释不同构件之间逻辑顺序，需要明确整个飞轮的闭环是如何自我驱动和加速的。

第五步，飞轮的构件如果超过了6个，通常就表明飞轮太过复杂，要想办法进行简化，将不重要的构件排除，真正把握住飞轮的本质。

第六步，想办法用自己的成功和失败的经验来检验飞轮，不断调整飞轮结构，直到那些最成功、最容易复制的东西清晰地呈现出来，将最大的失败和痛点暴露出来。

第七步，企业需要利用三环交叉理论来检验形成的飞轮，具体表现为：了解自己对什么充满热情，自己在哪个方面具有成为世界前列的潜力，了解什么东西在驱动自己的经济引擎。

飞轮在形成之后，最重要的就是加速转动。而想要推动飞轮的转动，就必须保证每一个构件和环节按照正确的顺序运转，而且每个构件必须做到相互支撑。而相互支撑的前提就是每一个构件要足够稳定，要不断积蓄能量。

由于社会不断发展，市场瞬息万变，在充斥着大量不确定因素的环境中，企业应该如何确保自己的飞轮可以快速旋转起来呢？最重要的一点就是坚持长期主义的发展理念，因为飞轮的转动本身需要不断积蓄能量。飞轮推一天两天，一个月两个月都是没有什么效果的，想要真正实现飞轮转动，就需要日复一日，年复一年坚持推动。这样才能在时间积累和能量积累的复利效应中，真正等到飞轮突破临界点。

 控 局

打造优秀的企业文化，优化企业基因

许多人觉得企业想要实现基业长青，最重要的就是掌控大量的资源，但资源终究会枯竭，一家企业不可能无限制地拥有和使用资源；有人觉得基业长青的密码在于技术的进步和创新，只有掌控大量的先进技术，企业才能稳稳立于不败之地，但任何企业都不可能永久地保持技术领先，也不可能一直保持强大的创新能力，技术是有可能被人反超的；有人认为基业长青的关键在于人才，只要培养和拉拢更多的人才，就不必害怕企业会走下坡路，不必担心企业会在竞争中失势，但人才或许有一天也会不断流失；有人认为资本才是企业基业长青的重要保障，但资本本身就具有趋利性，当更大的利益出现时，资本就会迅速逃离；有人或许觉得拥有优秀的管理者才是企业实现基业长青的前提，但任何一家公司都不可能保证每一任领导者、每一届管理者都是优秀的。

相比于以上几个要素，真正有机会实现基业长青的关键是企业文化。企业文化才是企业发展的基因，优秀的企业文化是企业与员工共同秉承的价值观、共同遵守的信念和共同实施的行为方式。优秀的企业文化往往可以引导、约束和规范全体成员的行动，确保企业向着正确的方向前进，确保企业在正确的轨道上运行。

那么,企业应该如何打造优秀的企业文化呢?具体应该从哪几个方面入手呢?

首先,在打造优秀的企业文化时,应该关注团队文化,因为企业本身就是一个团队,并且依赖团队中的每一个人来推动着向前发展。如果整个团队内部各自独立,只顾着满足自己的利益,而罔顾集体利益,并且缺乏协作意识,那么团队也就没有了统一的目标和方向,整体的工作效率就会严重下滑,而且会增加管理的难度和风险。一个强大的企业往往具有良好的团队文化,拥有强大的向心力、凝聚力、协作意识和整体意识,大家可以为了共同的目标,实现合理的分工合作,各司其职,相互配合,相互监督,相互促进。

微软公司在招聘的时候,要求员工不仅能力出众,而且还必须具备集体意识,能够将团队发展放在首位,能够与同事之间进行紧密配合,共同完成任务,那些喜欢单打独斗的员工往往会被淘汰出局。微软中国研发中心的总经理张湘辉在谈到团队文化时,曾这样说道:"美国软件开发Windows Cp时有500名工程师奋斗了2年,有5000万行编码。软件开发需要协调不同类型、不同性格的人员共同奋斗,缺乏领军型的人才、缺乏合作精神是难以成功的。"可以说,正是因为拥有出色的团队文化,微软公司才能够克服一个个技术难题,成为世界上顶级的科技公司之一。

其次,创新是推动企业发展的关键要素,也是保证企业增强市场影响力的关键。因此,创新文化成为企业非常注重的一个管理内容,在打造企业文化的时候,往往要重点给企业注入创新理念的基因。

谷歌公司就非常崇尚创新,也在公司内部积极构建创新文化和创新氛围。比如谷歌公司设置了一个著名的实验室Google X,而正是在这个实验室中诞生了无人驾驶汽车和Google Glass这样的产品。为什么要取名Google X呢?"X"实际上代表了罗马数字里的"10",谷歌公司的用意很明确,那就是强调实验室研发的技术必须比市场上现有的技术好上10倍,速度也要快10倍,而这样的创新要求无疑刺激了内部的创新行为。

不仅如此,谷歌公司还提出了一个著名的20%政策。这个政策赋予了每个员工在其工作周内花费 20%时间来完成主要任务以外项目的权利,以此来确保员工不会被固定的、单一的工作给束缚住,有机会在自己喜欢做的事情上发挥出更大的创造力。

最后,企业的发展离不开执行,因此优秀的企业文化应该包含强大的执行文化。有人认为企业的发展离不开那些出色的战略规划和先进的经营管理理念,但无论多么出色的战略规划和理念设计,无论是目标管理、流程管理、绩效管理、服务管理、计划管理,还是政策的规范,最终都要落实到实践当中。强大的执行文化正好可以保证企业的执行能力与执行水平,引导全体成员按照规划的指导保质保量地完成任务。

执行文化源于团队内部共同的执行模式和内部的精神层次,因此企业需要想办法构建共同价值观。接下来,所有的成员会对价值观进行合理有效的梳理、引导、引申和规范,使其更加符合实情,并逐步演化成团队的执行文化。

2016年,马斯克成立Boring公司。当时他早已经计划好了打造更为完善的地下隧道工程，目的是解决城市交通拥堵的问题，而且设计的第一条地下隧道就被安排在Space X公司的地底下。

在实施这项计划之前，马斯克召开了专门的会议进行讨论。会上，他主动询问专家需要多长时间才能将所有的车从停车场挪开，以便能够开始挖掘第一个洞。专家们面露难色，然后给出了一个答案：两周。马斯克听完之后，并没有决定制定一个为期两周的工作计划，而是认真询问专家得出这个结论的原因，他想要知道专家是如何做出判断和评估的。当专家以非常专业的口吻给出答复之后。马斯克直接对参与会议的团队成员说道："从今天就开始挖隧道，24小时不停地挖，我需要弄清楚到了周日的时候，究竟可以挖出多大一个洞。"结果团队在会后立马开工，而三个小时之后，地面上很快就挖开了一个大洞。

除了以上几种常见的文化类型，竞争文化和奋斗文化也是企业文化建设中的重要组成部分。企业想要实现完美控局，除了在团队文化、创新文化、执行文化方面做好准备，同时也要确保企业具有强大的奋斗意识和竞争意识，要培养员工的狼性精神，要让员工产生奋斗的激情，只有这样，企业才能够在竞争激烈的市场上生存下去。

总之，企业文化包罗万象，而它最核心的部分就是努力创造一种良性的工作氛围。正如利兹卡尔顿酒店的前饭店总裁霍斯特·舒尔茨所说的那样："人们需要创造一种氛围，确保组织里的每一个人都渴望成为组织的一部分，而不仅仅是为这个组织效力。人们会在工作中产生强烈的成就感和目标感，而不只是低头努力工作。如果领导者看到员工只是单纯地履行职责，就会把他们当成是一个工具人来看待。其实，员工真正最感到满足的事是意识

到自己成为组织的一部分,感觉自己获得上司的信任,这时候他们就愿意主动参与决策并贡献自己的聪明才智。从某种意义上来说,每个人在他们特定的领域都是知识工人。"

需要注意的是,想要打造优秀的企业文化,并不是一朝一夕可以完成的,企业需要很长时间进行积累和沉淀,并且需要在不断的实践中得到完善。

把握企业发展的底层逻辑和底层算法

想要完美掌控企业的发展，企业家往往需要拥有出色的逻辑思维。在谈到逻辑思维时，绕不开两个基本的思维模式：上层逻辑和底层逻辑。

上层逻辑一般是指人生观、世界观和价值观，这些往往是一个人主观上的一种精神认知层次。与之对应的是底层逻辑，底层逻辑是一种创新与非创新工作的思维逻辑，底层逻辑是指人们会选择从第一性原理开始，想办法看透事物的本质，把自己所要了解的事物和所要解决的问题分解成最基本的组成部分（一定要做到不能分解为止），找出源头上最基本的信息和组成部分。接着运用演绎逻辑（以普遍现象或者规律为前提，推导出个别现象）进行大胆假设，使用归纳逻辑（通过个别现象的总结，得出普遍性的规律）进行小心验证，通过持续的实践，形成一个较为完美的总结。然后运用类比手段，与其他事物进行比较，主要比较思维方式的不同与结果的不同，通过对比得出相应的结果，并以此来优化第一性原理。人们可以将这个过程形成一个闭环，从而挖掘出相关事物的底层逻辑，底层逻辑往往是客观存在的。

一般情况下，人们想要变得更加强大、更加优秀，需要寻找到更加高效的成长方法，需要掌握事物发展的规律和个人成长的规律。这些规律性的东西都属于底层逻辑的一部分，把握住了底层逻辑，个人就可以找到更便捷、更高效的成长模式。对于企业来说也是如此,一个企业的发展也有自身独特的底层逻辑,也有一些特定的规律可循,只要把握这些底层逻辑,企业的发展就会变得更加可控,也会变得更加高效。

在过去几年时间里,随着数字化转型的深入,腾讯公司发现实体产业数字化创新需求变得越来越多样化,而且越来越积极。市场需求的繁荣无疑会倒逼供应端升级创新,因此,腾讯直接决定进行产业创新,并且不断尝试不同的产业创新项目。经过市场调研和实践,腾讯公司慢慢将目光锁定在中国 To B(业务面向企业)创新领域,而非 To C(业务面向普通用户)。在做出这个战略决定之后,腾讯公司制定了具体的执行方案,即通过打造产业加速器、产业共创营、产业基地、产业生态投资四个板块,然后以产业资源和资金双重助力的方式,全心全力投入到服务中国 To B 创新领域之中。这就是腾讯公司数字化创新的一个底层逻辑,也正是因为如此,腾讯公司在实体经济数字化创新方面始终在市场上占据一席之地。

想要找到底层逻辑,其中很重要的一点,就是明确企业发展的底层算法,底层算法实际上是不断完善的认知闭环。比如,人们通常会选择对外界环境进行感知,并获取大量的信息,然后对相关信息进行处理,形成自己的看法。当形成认知之后,开始做出决策,看看自己应该做什么,应该追求什么目标,应该如何去实现目标,接下来就会付诸具体的行动,通过行为来验证一切。而个人的行为反过来会增加对外界信息的感知和获取,从而开启新的认知循环。当循环的次数越多,个人对事物的认知程度也就越深,也会形成一套更为合理高效的行事方法,这个时候就会形成一套底层算法。

企业的底层算法也差不多，都是在不断地感知、认知、决策、行为（实践）的闭环中慢慢改进和完善形成的。简单来说，就是在不断搜集信息、建立基本的认知之后，将所有的决策和行动叠加在一起，从中找出一个最优的决策，确保运营的方向、方法和模式能够达到最优水平。

比如在项目管理当中，企业就可以采用关键路径法来寻找一个最佳的方案，确保企业可以以最小的成本和风险获取最大化的效益。关键路径法主要是指管理者通过对不同活动工期与活动费用之间逻辑关系的整理、分析，找出单位时间内完成项目的最优方法。一般情况下，企业会选择各种减少工期的方法，然后设计出与之相对应的工作模式，包括如何制定计划，如何控制好进度，如何监控风险和把握最终的收益，企业可以制定不同的路径和模式。通过不断尝试，企业可以从中找到最优的路径，这个最优路径就是在减少工期和降低成本之间达成一个完美平衡。关键路径法本质上也是各种方法和模式叠加后的一种效果，可以指导企业做好项目管理和项目控制工作。

对于企业来说，想要打造属于自己的底层算法，需要做好以下几项工作。

第一，做好感知、认知、决策、行为的闭环，推动企业不断寻找最优的路径。

第二，管理者要依靠本能和直觉做那些无关紧要的事，然后依靠理性思维做那些具有重要价值的事。

第三，确保相关负责人和执行者做好自我控制，确保感知、认知、决策、行为的闭环可以继续下去。

第四，遇到失败和错误后，选择重启，通过不断尝试来寻找最优解。

第五，找出企业发展中存在的不足，不断完善和提升，将企业以及其所经营的相关项目做大做强。

第六，明确企业发展的核心优势，然后想办法进行复制，从而获取更大的竞争优势。

第七，通过强大的核心能力来构建企业发展的护城河，阻止竞争者的威胁，同时构建自己在市场上的垄断地位。

第八，构建伟大的愿景，以一个出色的算法推动所有执行者努力去实现它。

第九，发挥群体的力量，不断挖掘并尝试新的方法和路径，通过叠加的方式找出最佳的发展路径和最优的决策。

做好以上几方面工作，企业便可以打造属于自己的底层算法，使得企业的发展变得更加可控和高效。

保持简化的风格，拒绝复杂的管理体系

许多人往往会认为企业的管理体系越是完善，越是复杂，企业的管理也就越有成效。在他们看来，复杂就意味着更加精细、更加翔实、更加完善，也更有价值。因此，他们会有意无意地向复杂化的操控系统靠拢，还会想办法通过一些复杂化的设置和安排，更好地推动内部的管理。

但是从现实操作的角度来说，当一个系统越是复杂的时候，这个系统的运行效率往往越低，整个系统变得越来越不可控，一些自以为精密化的设置反而会成为降低控制的元凶。因为越是复杂的东西往往越是难以操作，也越容易出问题，复杂的管理体系会对企业权力分配、信息沟通、流程管理产生负面影响，增加整个企业运营的负担和风险，同时降低企业的创收能力。那些优秀的企业往往通过简化企业的运营管理模式来提升对市场的感知，以及加强对企业内部的控制，确保企业可以更高效地进行运转。

那么，企业通常是如何保持简化的运营风格的，简化的方式及具体体现在哪些方面？

简化的风格首先体现在更为简单的管理结构或者组织结构，谷歌公司的掌门人埃里克·施密特曾经说过："几乎所有的企业都难逃这样一种矛盾的干扰：尽管每个人都在强调希望自己可以通过扁平式结构拉近与上层之间的

距离,但从现实的情况来看,多数人仍然打心眼里认为等级制度很有必要延续下去。但创意精英们并不这么想,他们之所以希望打造扁平的企业结构,并不是因为他们想要与自己的上级平起平坐,而是希望给他们多办实事,而这就需要加深与决策者之间的沟通交流。为了满足创意精英们的这一现实需求,拉里和谢尔盖一度尝试着取缔整个管理层,他们还将这次改革称作'解散组织'。"

传统的组织结构大都是科层制的,这种组织结构往往会设置多层次的结构,这样往往更容易导致内部出现权力腐败、工作低效、反应迟钝和内部分裂等问题,企业的高层反而很难对企业进行控制。而简化层级结构,打造扁平化的组织,就会带来更多的好处。

扁平化组织的组织层级更少,各层级的组织幅度更宽,整体的权力机构更加分散和多样化,成员们往往共同分担职责,上下级之间以及平级之间通常会进行斜向沟通。这样的团队具备强大的应变能力和适应能力,能够在第一时间搜集到内外部的信息,并且快速做出反应,制定合理的策略,采取高效的行动。与传统科层制组织依靠高层管理者驱动的发展模式相比,扁平化组织一般是由市场需求驱动的。

简化风格还体现在流程的简化,管理学中有一个著名的崔西定律,即个人在处理事情时的困难程度,往往与这件事的执行步骤的数目平方成正比。假设某个人完成某项工作需要经历3个基本步骤,那么他做这件事情的困难程度大约就是9;如果这件事情的完成步骤增加到了4个,那么相应的难度系数就会增加到16。从某种意义上来说,一旦人们做事的流程和步骤变得更加复杂,难度也会直线上升,因为无论是做事的流程、步骤,还是沟通的层级,都会直接影响到最终的工作难度。

正因为如此,企业需要构建更加简单清晰的流程。一般来说,管理者可以先画出一张大致的工作流程图，然后对流程进行针对性的调整和压缩。比如，功能重复的流程需要合并，一些不必要的流程环节可以删除，一些弯弯绕绕的流程需要及时调整，直接压缩层级，缩短路线。

简单的风格又表现为发展模式的简化，或者说生产线和业务的简化，这种简化更多时候是一种标准化与统一化，是一种精准的定位。很多企业总是认为规模越大、产品线越多，那么企业的竞争力越强，但这种多而杂的业务拓展往往是一种不合理的多元化发展模式，很容易出现"大而不强""多而杂乱"的情况。一些低价值的项目会破坏和拉低整体的收益，还会增加企业管理的难度，想要更好地掌控自己的生产经营状况，企业需要将精力、时间、资本、技术、人员等资源集中在那些能够真正创造高价值的项目上。

宝洁公司曾经一度认为企业的产品类型越丰富，那么就更容易掌控市场，并获得更多的收益。为此，宝洁公司直接盲目增加了那些重要的产品的产品型号，例如一口气生产了多达31种海飞丝洗发水和52种佳洁士。不仅如此，为了提升销量，宝洁公司中的每一种产品几乎都设定了不同的促销方式。而这样丰富的产品线和促销模式不仅令消费者眼花缭乱，还增加了销售员的工作难度，结果可想而知，产品的销量非常惨淡，市场对于多种型号的产品根本提不起什么兴趣。

眼看着顾客不断流失，宝洁公司意识到了自身的问题，于是立即修改了生产计划，选择将产品配方标准化，直接压缩了大量产品线，将几十种产品简化为几种产品，还刻意减少复杂交易和发放优惠券等促销活动，让生产和营销更加简单可控。在使用这些简化方式后，宝洁公司的产品定位变得更加明确清晰，消费者对产品的认

 控 局

知度也越来越高。

对于企业来说,简化并不是简单地删除或者减少,它的本质是确保整个流程更加顺畅,确保相关的内容更容易被人接受和理解,也更容易操作。因此,它实际上会涉及标准化、统一化的问题,也包含了对秩序的完美掌控(像内部工作的重复和低效都是秩序混乱的体现)和对方向的精准控制(也是简化的东西越清晰,越不容易迷失方向)。对企业来说,如何打造简化的经营管理模式成为发展过程中必然要解决的一个问题。

第五章 稳定至上，打造一个强力的运营体系

打造网络化的组织结构

随着社会的不断发展，企业的控局难度越来越大，因为社会分工的日益精细化使得社会各个部分之间的联系一直不断加强，整个社会体系也因此变得越来越复杂，越来越密集的互动促使原本就错综复杂的系统呈现出一种"非线性运动"的特征。这样一来，即便是那些最具效率的组织、团队和机构，也对这种复杂性和不确定性产生了困惑，并且越来越感到控制力的衰弱。

为了应对这种密集互动的发展机制，很多企业可能会想到继续强化控制力，甚至可能会进一步强化内部的集权，将权力收束在个人或者少数几个要员的手中。这样做可能会导致管理变得越来越生硬，越来越机械化，最终会因为弹性不足而引发管理失调。大公司动辄十几万、几十万员工的规模会让整个管理工作变得烦冗而复杂，任何一个优秀的企业家都不可能同时管理和控制这么多人，管理者的精力和能力都不足以支撑这项艰巨的任务。传统的金字塔权力结构只会让整个体系面临更大的压力，这个模式会导致感知能力的下降和执行力的持续衰退，内部的分工最终也会受到阻碍，整个组织会变得更加僵化与滞后。

为了应对不断变化的局势，企业需要想办法提升自己的感知能力、适应

能力与应变能力。而这就要求企业必须改变原有的组织模式，打造一个更具适应力的组织结构，能够随时随地对外部环境进行全方位的感知。

提起海尔集团，很多人还停留在"海尔是一家家用电器公司"的老印象中。其实，海尔正在摆脱单一的"电器"身份，积极构建一个全新的生态体系。

2013年，海尔与金蝶云之家合作开始搭建iHaier平台。在这个平台上，海尔集团第一次利用社会化网络服务进行跨部门的协作与共享。两年后，海尔完成了平台的升级，新的平台涵盖了即时通信、文件交互等内容，也实现了移动、PC、Web的同步，平台对接云图、创意工场等系统。用户对海尔产品的创意与建议可以直接接入海尔内部，这样就真正意义上实现了全流程用户交互体验闭环。

2017年，iHaier成为海尔的全员移动门户，平台接入业务轻应用。到了2018年，平台持续扩展应用商店能力，并为用户提供智慧园区服务，海尔创客可以接受iHaier提供的移动互联网应用推广服务，此时的iHaier不断向智慧办公平台演进。

这个平台的出现与进化，让海尔集团进化成为一个网络化组织。和过去那种层级分明、紧密整合的组织结构不同，海尔打造了"小块松散组合"式的组织模型，大胆去除了企业的中间层，直接将原有的跨国公司转化成为几千个小微企业。所有的小微企业都是独立的，一般由10～15人组成，它们以市场和用户为中心，拥有自主决策权，可以自行分配资源和调动人才。这些小微企业进入市场后，可以各自挖掘商机，快速融入市场环境，甚至在第一时间进入新市场。海尔成了一个大的创业平台，而小微企业就成了平台上的创业单元。如此一来，海尔就可以将目光锁定在外部动态变化的市场环境之中，推动企业长期高速发展。

不仅如此，海尔直接将公司原来的财务、人力、法务等部门整合为内部的大共享平台，专门为小微企业提供服务，大家形成了一种高效的并联组织关系，有效降低了运营成本，并提升了海尔对市场的影响力。

美国陆军四星上将斯坦利·麦克里斯特尔在《赋能：打造应对不确定性的敏捷团队》一书中谈到这样一个观点："像过去那样继续坚持将以规划、预测为基础的管理模式作为应对市场挑战的方式，已经不再是合理的做法了，新时期管理模式的基础必须能够弹性十足地应对各种变化以及变化中的各种状况。整个组织必须做到网络化，而不是条块化，这样才能获得成功。组织的目标不应当还像过去那样一味追求效率，而是确保自己可以获得持续适应的能力。以此来看，组织模式和精神模式必须发生巨大的变化，而领导层也必须持续努力地为这样的变化创造更适宜的环境。"

按照斯坦利·麦克里斯特尔的说法，企业想要改变僵化的、滞后的局面，有时候需要抛弃当前熟悉的组织结构，然后沿着几条完全不同的线索进行重建。企业必须尝试着将原有的架构置换成相对灵活的机体，这样才有助于增强企业对市场、对环境的感知，并对外部环境的变化做出及时有效的应对。

那么，如何才能打造一个网络化的组织呢？

首先，管理者需要尽可能使用"去中心化"的策略，给予下属更多的工作权限。这样一来，整个体系就不再是一个固定的、唯一的发力点，每个人都有可能成为发力点、信息传输点和价值创造点，每个人都有机会参与到内

部协作体系当中去,大家共同撑起一个网络化的架构。为了保证控制力,企业可以分解成为多个更小的组织,每一个组织保持一定的独立性。

其次,管理者需要开放内部信息通道,尽可能实现内部成员的信息共享,并赋予成员更大的话语权和决策权。信息共享可以推动内部的快速交流,确保企业拥有强大的信息搜集能力和应变能力,能够在第一时间感知到市场上发生的事情。而赋予一定的话语权和决策权,则让员工从最初收集和提供相关信息的角色,转变为岗位上的决策者。他们有机会自己做出判断和决策,决定自己应该做什么,应该怎么做,这样就可以更高效地处理一些突发事件,从而提升团队的灵活性和应变能力。

最后,管理者要想办法构建共同协作的团队文化,想办法打造一个或者多个更具凝聚力和战斗力的团队。成立这样的团队,往往需要满足几个必要条件:小组成员的经验和能力彼此能够相互依赖;小组成员之间有能力上的差距,但是身份和地位最好不能有太大的差别,这样就可以确保分工的同时保证内部的团结;小组内部成员之间的沟通必须具有开放性的特点,只有保持开放,才有助于内部问题的沟通和解决;小组成员要有担当,能够发挥各自的优势,能够独立完成一些任务。

随着互联网的发展,社会即将进入万物互联的时代,打造网络化的组织形式可以更好地推动内部的管理效率,同时强化企业对市场的影响力,确保整个企业变得更加灵活,更具创造力和竞争力。

领导者永远都要掌握公司的实际控制权

关于企业是否可以完美控局，或者企业家是否能够掌控公司的发展态势，其中一个很容易被忽略的问题是"控制权"。管理者只有掌握了大量的控制权，才能够对企业进行合理控局。对于控制权，许多人的第一想法就是企业家或者企业创始人往往拥有企业经营、管理的控制权，包括企业发展过程中的主导权、最终决策权、资源调配权以及奖惩的权限等。按照常规思维，企业家或者企业创始人作为最高的领导者，应当享有控制大权，能够左右公司的发展方向，可以有效控制企业按照自己的思路去发展。

不过，在现实中企业名义上的最高领导者可能并不具备控制权。最高领导者对于控制权的不重视，企业内部股权结构和权力结构的设置模式也会导致控制权的旁落。比如，许多企业常常会受到外界因素的影响，尤其是受到外来资本的干扰，尤其是一些上市公司，其经营管理思路往往很容易受到其他大股东的干涉，一些大股东甚至因为掌控了话语权，直接威胁到企业创始人的管理权限。在20世纪80年代，苹果公司创始人乔布斯曾经被董事会踢出公司，因为当时的苹果公司发展平平，推出来的产品并没有什么影响力，加上微软、intel、IBM等公司的挤压，苹果公司开始走下坡路，董事会认为乔布斯无力改变现状，就将其踢出了公司，乔布斯就这样失去了对公司的控

 控局

制权。

  企业家想要精准控局，牢牢掌控企业发展的节奏和发展态势，那么首先要做的就是确保自己拥有企业的控制权，且这种控制权是稳固的。只有掌握公司的控制权，企业家才有能力和资格去领导整个团队，告诉所有人应该做什么，应该怎么做，应该拥有什么样的战略目标，这样才可以保证企业按照既定的规划去发展，而不必担心事情会遭到其他人的干涉和破坏。

  企业家对企业的控制权，是控局的基本保障，也是一个最基本的前提。如果没有这种控制权，或者控制权不稳定，那么就意味着企业的发展可能会脱离既定的路线。权力始终是管理的核心，没有权力的加持，人们对企业的控制，对于局面的稳定，就会停留在口头层面，相关的政策和指令也无法顺利落实到位，整个管理体系会缺乏执行力，并且很容易产生变化。比如，企业的组织结构容易出现变动，内部的改革会突然中断或者突然改弦更张，政策会突然发生变化，人员调整会变得非常频繁，而且常常毫无征兆。

  一个优秀的企业家不会贪恋权力，但他必须对自己的工作负责，必须对自己的公司负责，他有义务动用自己的能力和权力，带领企业找到更好的发展渠道。这样做的前提是握紧手中的控制大权，只有这样，整个企业在现有框架内才会运行得更加稳定，企业的发展也会更加踏实、顺畅。

  华为公司为什么永远不必担心自己被资本做空，或者受到资本的影响而选择其他的发展道路？原因很简单，华为公司一直都在坚持一个基本的发展理念，那就是"不上市"。为了不丢失企业的控制权，任正非采用了持股平台的方式，专门设置了一个华为工会的组织，将所有投资人（优秀员工）放到持股平台上，然后按照一定的比例分配公司股份。在华为公司，所有的股份都是员工共同持有

的，甚至连创始人任正非个人所占股份也才0.65%（2023年10月份数据），这在其他企业几乎是不敢想象的。选择不上市以及"工者有其股"的精英理念，就使得华为公司能够摆脱资本的干扰，一心一意朝着自己的战略目标前进。

京东创始人刘强东在创业过程中曾遭遇困境，最终由于腾讯公司的融资而挺过了难关，也正因为如此，腾讯公司成了京东最大的股东，占据17.8%的股份，而刘强东本人以15.4%的股份排名第二。按理说，腾讯公司应该享有最大的话语权，但是刘强东在融资（出售股权）的时候，提出了"AB股"的融资模式。简单来说，公司的股票分为A、B两部分，但"同股不同权"，B股的每一股股票享有20票投票权，刘强东手中15.4%的股份恰好全部是B股，因此他个人的实际投票权高达79.5%，对京东公司享有绝对的控制权。正是因为这种模式，刘强东牢牢掌控了话语权和管理权，其他任何外来资本和股东都不会威胁到他对公司的控制，他甚至说过："作为公司的创始人，如果不能在公司说了算，无异于一个傀儡，如果哪天我失去了京东的控制权，那我会马上把京东卖了，绝不陪资本玩游戏！"

企业家必须将企业的控制权掌握在手中，这样一来，无论外界怎样干涉，都可以将局势牢牢掌控在自己手中；无论发生什么变故，都可以通过自己的努力来解决问题。而想要掌握控制权，那么就需要了解那些能够提升控制权的办法。

股份控制是最常见的提升控制权的方法。正常情况下，当企业家拥有67%的股权时，就拥有绝对控制权，企业家就具备修改章程、促进公司合

并、分立、解散或者变更公司形式等重要权限。当企业家手握34%的股份时，就拥有一票否决权，可以对影响企业发展的决策进行干预。当企业家拥有51%的股份时，具备相对控制权，在一般性事项上就拥有话语权和决策权。企业家如果担心资金不足影响手上的股份，可以选择AB股的形式，或者成立有限合伙企业，股东可以不直接持股，而是通过设立一家有限合伙企业作为持股平台。企业家作为有限合伙人企业的普通合伙人，这样即便出资很少，也拥有100%决策权，而其他有限合伙人则不参与企业的经营管理。

此外，企业在创立之初，创始人可以想办法设置一些保护性的措施，比如设置一票否决权（创始人特权）、总经理提名权（创始人特权）、经营控制权（创始人特权）。或者也可以在组建团队的时候，选择那些自己值得信任的人，确保团队内部不会产生权力的分裂。

第六章
出色的人才管理，才能让工作稳定可控

控 局

保持包容，进行灰度管理

企业想要实现控局，那么首先要做的就是内部的团结，不过由于利益分配机制的原因，以及每个人的思维模式的区别，使得企业内部通常会出现不同的立场，而这是导致内部出现分歧、争执甚至分裂的重要原因。企业管理者想要做到完美控局，确保内部不会出现动乱，就要努力消弭内部的隔阂与分歧，想办法将所有人凝聚成一个整体。这里强调的一个整体并不意味着要求所有人保持同一个立场，同一种理念，而是要求所有人能够合理控制好分歧，确保它不会成为破坏性的因子。通常情况下，最合理的做法就是进行灰度管理，抛弃过去那种是非黑白的管理理念。

首先，管理者要跳出"自我保护机制的束缚"，并且鼓励其他人采取更加包容的姿态接纳身边的人，打造一种包容的企业文化。从人性的角度来说，人们往往都渴望赢得别人的认同，并且对来自外面的否定和批评感到不满，一旦自己的想法和观点受到质疑，就会激发身体内的自我保护机制。这个时候，他们会坚决对他人的想法提出反对意见，并坚定地认为自己的想法是正确的。

作家詹姆斯·哈维·罗宾逊在《思想的酝酿》这本书中谈到了一个问题："很多时候，我们会发现自己会在毫无抵抗、毫不激动的状况下改变自

己的内心。但是如果有人告诉我们'你做错了',我们通常就会对这种指责表现出憎恶的表情,我们会狠下心去争斗。在个人构建内在信仰的过程中,我们并没有过度在意这些事,不过一旦遇到那些与自己立场不同的人时,我们就会对自身的信仰表现出过度狂热的爱。很明显,我们并没有真正去关注意念和信仰本身,而是在遭受指责和威胁时努力维持基本的自尊心而已。渺小的'我'向来就是人类各类事务中最紧要的一个词,人们的智慧正是在自我考虑、自我保护中产生。也正是因为如此,我们通常都会习惯性地继续相信自己过往就已经接受了的事实,而一旦自己的任何假设受到外界的怀疑和指责,内心的憎恶感会引导我们做出激烈的回应,当然我们通常称之为'讲道理',其实这不过是找出一大堆牵强的理由确保自己继续相信自己过去的经验。"

这种自我保护机制往往会制造人与人之间的隔阂,考虑到任何两个人都不可能完全保持思想上的一致,因此在与人相处的过程中,在管理团队成员的过程中,人们需要想办法放下这种不恰当的自我保护机制,努力去迎合别人的想法,进行换位思考。管理者必须在保持权威的同时,确保让更多的人参与到内部决策当中,这样才有助于提升企业内部的团结程度和团队合作效率。

其次,企业必须打造一种更加开放的合作机制,包括构建一个开放的平台、民主决议制度和组织结构。开放的平台为所有人提供了一个表达的机会,有助于大家畅所欲言,说出自己想要说的事情,表达自己的观点。平台不应该过度干涉员工说了些什么,必须要说些什么,只要不涉及大是大非的问题,大家就有权表达任何想法和立场。民主决议制度则是员工提升工作参与度的重要保障,构建开放的组织结构则有助于推动不同部门、不同层级、不同岗位的员工进行交流。在过去很长一段时间,企业各部门、各岗位之间

的联系被弱化处理，各个部门和各个岗位的员工只要接受上级指令行事即可，缺乏更多的主动性和互动性，这种管理模式会导致内部的封闭和孤立。企业在打造开放式的组织结构之后，部门墙被打通了，各个部门之间可以按照自己对工作的理解表达相关的想法，这样就会推动内部的交流。比如，营销部门和生产部门对生产什么样的产品进行争论，往往会推动更好的产品出现。

通用电气公司的总裁韦尔奇就曾提出"无边界"的概念。在他看来，企业组织就像一种有机体，内部各个部门之间、各个岗位之间存在隔膜。隔膜的存在是为了确保各个组成部分的独立运行，具有明确的界定，但是这些隔膜并没有也不应该将内部各个部分彻底隔绝开来。生物体的隔膜之间仍旧可以相互输送血液、氧气、化学物质，企业也是一样，内部的隔膜应该也要具备文化传播和信息交流的功能。正因为如此，通用电气公司内部开始打造一种更加开放的学习型文化，类似于"听证会"制度，引导员工积极表达自己的想法，积极参与到内部的讨论和决策工作当中。

许多管理者片面地认为，当内部的思想保持一致时，更容易进行管理，整个企业也不容易出现分歧，可是从企业发展的角度来分析，单一的思维模式可能会让企业变得更加脆弱，因为很多员工会对公司压抑性、强制性的举措感到不满，这样可能会引发更大的反抗，对企业长远的管理非常不利。而强调多样性、包容性的企业文化，则可以推动内部的交流，使得整个团队变成一个联系更为紧密的整体。这个时候，企业反而更容易管理和控制，企业的竞争力也会变得更强。

积极分权授权,让员工帮忙控局

许多领导者的控制欲很强,并且认为自己管控的事情越多越细,就越是能够掌控局面。正因为如此,他们在管理方面经常做到事无巨细、无所不为的状态,并认为这是对企业负责的体现,也是牢牢掌控局面的基本保障。但从管理的角度来说,控局能力、控局效果和控制力度并没有直接的关联性,有的企业家什么都要做,什么都想做,什么都不给别人做,结果可能会适得其反。在一个企业中,无论是高层的领导者还是底层的执行者,每个人都在团队中扮演自己的角色,都有自己的工作任务。领导者应该选择做自己应该做的事情,承担自己应该承担的责任,而不是将所有工作任务都纳入自己的职责范围。

硅谷顶级的早期风险投资机构 First Round Capital 经过多年的研究发现,那些领导者可有可无的公司,往往具备更强的生存能力和竞争力,这类企业的发展周期更长,更容易实现基业长青。该机构的负责人说:"领导者必须学会'缺席',只有这样才能促使团队内部产生更好的想法。作为团队管理者,领导者需要适当压制住表达的冲动,不能轻易抛出任何一个目标方案,这样可能就会导致团队发展受到局限。大量的实践已经证明,领导的'缺席'的确能让内部诞生更出色的理念和想法。"

股神巴菲特曾经说过,一家优秀的公司即便拥有一位平庸的管理者,也不会影响它的发展,而投资者要做的就是寻找这样的企业。就像可口可乐一样,在一百多年的发展历程中,可口可乐公司的每一任管理者都不是出类拔萃的,但是依靠着完善的管理制度和优秀的企业文化,这些管理者可以放心地将工作让那些最专业的人来处理,可以确保整个团队在脱离自己的时候依旧保持正常运转。

正因为如此,那些真正聪明的企业家往往懂得放手,懂得通过缺席的方式来更好地掌控企业。有人针对这种缺席提出了"离场测试"的说法,认为一家企业应该经得起离场测试,而所谓的离场测试其实就是强调企业家或者管理者适当放手之后,企业依旧可以在其他人的共同努力下,保持强劲的发展势头。简单来说,离场测试合格的标志就是一个企业家无论什么原因离开了公司,都不会对公司的发展造成实质性的影响和波动。

从另外一个角度来说,如果管理者想要更合理地控制局势,推动企业以更加稳健的姿态继续发展下去,那么就要放弃"过度干预"的想法,适当放权,推动内部的分权和授权,让更多有能力的人承担发展责任,让更多人参与到企业的决策当中来。而想要做到这一点,首先要做的就是放弃那种"事事都要过问""事事都要做决策"的管理作风,给予员工更大的权限,并且让员工对自己的工作负责。

管理学大师比尔·翁肯曾提出一个有趣的管理学理论——背上的猴子理论。比尔·翁肯认为,安排给下属的工作任务就像是猴子一样,它们通常应该待在员工的背上,可是一旦管理者将权力紧紧握在自己手中,猴子就会从员工身上跳到管理者身上。于是,管理者要管的事情越多,背上的猴子也就越多。

那么,如何才能甩掉背上的猴子?最简单的做法就是分权和授权,让更专业的人负责更专业的事,让最有能力的人做最擅长的事。而想要推动内部的分权和授权,就需要做好以下几项工作。

首先,打造分权机构。

很多公司在组建队伍时会设置一些相互制衡的组织模式,华为的三权分立模式就是比较典型的一种形式。华为公司规定内部3级部门以上的组织都必须成立办公会议、行政管理团队、跨部门的委员会。办公会议主要负责部门日常业务运作,实行首长负责制,首长拥有最后的批准权;行政管理团队主要负责人力资源相关工作,采取一人一票的集体决策制度,团队领导有最终否决权,但没有最后的批准权;跨部门的委员会则专门讨论公司的未来发展方向,对重大决策有否决权。三个组织各司其职,相互制约、相互补充。不同企业拥有不同的组织结构,但这些组织结构的目的都是一致的,那就是想办法构建分权机制。

分权机制的构建可以在制度和政策层面上为分权、授权行为提供支持,这是企业避免内部出现集权和独裁管理的重要保障。不同的企业面临的情况不同,因此在打造分权机构的形式也不同,分权的程度和形式也不同。

其次,安排最合适的人在最合适的岗位上。

分权的目的是提升工作效率,而不是单纯为了分散权力,因此企业在实施分权机制的时候,一定要将相关权力授予那些能够最大限度发挥权力功效的人,真正做到权职匹配。分权的前提实际上要确保获得权力的人是最佳的人选,是最适合出现在该岗位上的人选。

乔布斯在管理苹果公司时,安排9个管理人员分担各部门的管理工作:库克负责处理供应链、库存管理和销售的工作;斯科特·福斯特尔专门设计IOS系统;乔纳森·艾维设计苹果公司内部

的产品；荣·约翰逊负责组建苹果零售店；鲍勃·曼斯菲尔德负责苹果电脑和手机的研发、生产工作；彼得·奥本海默主要负责公司财务系统的管理工作；菲尔·席勒负责广告营销和产品推广；布鲁斯·赛威尔承担了苹果公司的法律事务和治理事务；杰夫·威廉姆斯则专注于产品质检。乔布斯的分权和放权行为，彻底激活了公司内的核心团队，确保苹果公司能够长期高效运行，并保持强大的竞争力。

最后，打造分权和授权的监控体系。

管理者在分权和授权的时候，可能会存在一些误判，比如对执行者的能力做出误判，对工作的相关情况做出误判，这样一来就可能会导致整个分权行动失去意义，甚至可能会造成负面影响。比如，管理者认为某个员工具备管理财务的能力，因此就非常放心地将财务大权交给对方，让对方全权负责公司的财务。可事实上，这个员工虽然是会计出身，但在审计方面存在经验不足的问题，根本无力负责相关的业务。这个时候，原先的分权行动就可能会因为员工能力不匹配，给公司造成严重的损失。

还有一种情况是，获得权力的下属，在工作中可能会变得独断专行，可能会将权力当成服务自身以及攫取利益的工具，这对推动分权的管理者来说，无异于一次重大的失利。由于错误地评估了下属的素养，分权行为会成为一个定时炸弹。

在面对可能出现的分权错误时，最简单最直接的预防措施就是设置一套完善的监控体系，确保分权和授权之后可以继续追踪执行者的工作情况，监控和约束执行者的工作，看看对方是不是真的符合任职要求，看看对方是否会对公司下一步的发展造成严重的威胁。

一般来说，监控体系包含了一些约束性的条件设置，包含了一些监督机构，也包含了一些绩效考核的措施，以便能够及时对那些工作不达标或者有意破坏工作的执行者进行惩罚。

除了以上几项措施之外，企业还需要构建一种更加包容、更加宽松的文化。卡内基培训机构的负责人彼得·韩铎曾经说过："在卡内基培训的理念里，有'红灯思维'和'绿灯思维'两种思维模式，'红灯思维'就是凡事从困难出发，想到的是可能遇到的挫折和不顺利；而'绿灯思维'正好相反，更多地从美好的前景，光明的前途出发去思考。某种意义上说，'绿灯思维'是对人的解放，因为它让企业家可以放手去做，允许他们的员工，也允许他们自己去犯错。"对于企业来说，给予员工更大的自主权，这是一个非常好的管理信号。

需要注意的是，分权并不意味着将所有权力下放到下属手中，而是要想办法在确保自己可以掌控大局的前提下进行分权。分权要讲究程度，不能无底线地分权和授权，所有的分权行为都必须以适度集权为前提。也不能无条件地分权和授权，在进行分权和授权的同时，必须给予对方相应的责任和义务。盲目将全部权力下放，最终可能会导致局势失控，管理者丧失对企业的控制权。

 控 局

强化企业制度管理,约束员工的行为

心理学家认为,一个人的行为通常受到两种力量的影响,第一种力量是内驱力,第二种力量是习惯。内驱力是指推动人们做事的内在力量,包括物质激励和精神鼓励。良好的企业文化往往可以提升人们的归属感和荣誉感,从而努力推动员工做正确的事,以及按照正确的方式去做事,而不用管理者时刻提醒他们应该做什么以及应该怎么做。

习惯是指人们在日常工作中形成的一种常规的状态和趋势。习惯往往影响人们的日常行为,美国作家查尔斯·杜希格《习惯的力量》一书中这样说道:"人们每天做出的绝大多数选择似乎都是精心考虑后的决策结果,其实并非如此,这些选择通常源于人们的习惯。虽然各种不同习惯的影响比较有限,不过随着时间的推移,人们吃饭时点的菜,每天晚上对孩子们说的话,人们选择存钱还是痛快消费,人们参加身体锻炼的频率,以及自己的思维组织与日常的工作安排,都受到习惯的影响。此外,个人的健康状况、工作的效率、个人的经济状况和幸福指数都会因为习惯问题而受到很大的影响。杜克大学2006年发布的一则研究报告表明,人们每天产生的40%的行为并不是真正由个人的思维决定促成,而是出于日常的行为习惯。"

员工想要养成良好的工作习惯,除了自觉和自律之外,还需要依赖企业

文化的引导以及制度的约束,其中,制度管理是企业管理的基石。从管理的角度来说,企业发展需要更强大的执行力,而保障执行力的重要一环就是制度。制度具有约束性和控制性,是管理者控制内部成员的主要工具。尽管企业文化、人文关怀以及管理者的个人管理能力同样重要,但企业实际上是一个有组织、有纪律的机构,想要做到组织性和纪律性,就需要制度来保障。制度是维持秩序、保持稳定的关键,也是推动企业推行各项计划的前提,可以督促员工按质按量按时完成任务。

制度管理具有很多优势,比如制度管理能够确保内部分工专业化、协作一体化,能够保证流程规范化和生产标准化,能够保证企业管理的投入最小化、收益最大化,能够保证内部管理的公开性、公平性,能够保证内部行动的统一性。依靠着制度的权威性和约束性,整个企业的发展和运行也会变得更加稳定,因此从管理的角度来说,制度就是最基础的控制手段。

任何一家企业都会制定相应的制度,也会强化制度管理,不过并不是所有的制度管理都是合理的,也不是所有的制度管理都可以实现预期的目标。想要打造科学合理的制度管理体系,那么在强调制度管理的时候,应该做好以下几项工作。

首先,制度管理应该尽量做到完善,且应该尽可能细化。完善是指企业的管理制度要涉及内部工作的方方面面,无论是考勤制度、生产管理制度、质量监控制度、财务管理制度、市场销售制度等,制度越完善,管理的幅度就越宽,对企业的控制也就越到位,且不容易出现各种管理漏洞和执行漏洞。细化则强调制度管理的细节化,也就是说制度管理不能仅仅停留在一些大的框架上,对于一些细节的规范也要落到实处。比如,一些公司推出的员工细则手册就是典型的细化制度,包括几点上班,几点下班,什么时间吃饭,办公室每天早上要打扫等。

 控 局

英特尔公司从创立的第一天开始，就非常重视用制度管理团队，无论是公司的经营战略，还是每天的员工考勤，都设有非常清晰和严格的规章制度。比如公司规定，每天8:00准时上班，员工哪怕晚到一分钟，也会以迟到的缘由被扣除部分奖金。

其次，制度管理应该落实到位，对于违反制度和规则的人，一定要坚决给予处罚。许多企业虽然制定了完善的制度，但是并没有管理到位，只有制度落到实处，才能起到应有的引导、约束和控制作用。如果大家都不遵守规章制度，制度就会成为一个摆设，那么企业的管控能力也会大幅度下降。因此，对于企业来说，制度不仅要完善，而且一定要落实到位，企业必须对那些违反规章制度的人进行严厉的惩罚，以此来约束大家遵守规定，严格约束自己的行为。

比如在万达集团，制度管理就非常严格。公司规定员工在8:00—18:00点的上班时间如果没有穿正装，那么员工就会被扣钱，他的部门领导也会被扣钱，而且每人每次扣200元。如果有人自以为是干部和领导，不需要遵守指令，那么公司将会毫不留情地给予更为严厉的处罚。

最后，制度管理要逐步完善和调整。在不同的发展阶段，在不同的发展环境下，企业制定的制度往往不一样。比如，创业初期，企业的制度管理相对不那么严格，很多制度都不完善，一些细节性的东西更是容易被忽略。而随着企业渐渐步入正轨，规模越来越大，员工越来越多，企业想要提升管理水平，想要提升竞争力，就需要打造更为完善的管理体系，就需要完善各类制度，确保企业的发展不会出现问题。

需要注意的是，每个企业面临的管理情况都不相同，制度管理不能完全照搬其他企业的模式。企业必须针对自身的实际情况做出合理的安排和设计，确保制度的合理性与实用性。

坚持以人为本，尊重并保护员工

2023年6月20日，胖东来超市发生了一起顾客与超市员工争执事件。顾客与员工发生争执在生活中非常多见，但对于胖东来来说，却是比较罕见的现象，因此这件事发生之后很快就引发了舆论的关注。就在大家针对这一次的争吵事件进行激烈讨论时，胖东来随后公布的《顾客与员工发生争执事件的调查报告》更是引发了热议，胖东来再次赢得了大家的赞美和认同。

一般来说，当商家发现自家的员工和顾客发生争吵时，只要不是顾客无理取闹，本着服务顾客的理念，商家基本上会对涉事员工进行处罚，要求员工当面向顾客道歉，以此来平息可能带来的舆论压力。而胖东来没有这样草率处理，它对整个事件进行了调查取证，还制定了合理而详细的处理方案，并出具了多达8页纸的调查报告。

在事件的调查结果出来之后，胖东来公布了处理结果，那就是针对自身存在的服务问题，宣布相关的管理人员降级3个月，然后管理人员必须携带礼物和500元的服务投诉奖品亲自登门道歉。顾客被胖东来的诚意给打动了，坚决拒绝了500元的投诉奖品。

 控局

  不过，胖东来并没有一味迁就顾客，它同样对顾客提出了建议，那就是不能在现场高声责怪员工，因为这会伤害到员工的尊严与人格，它建议顾客在感觉自身的权益受到损害后，通过投诉渠道来反馈问题。为了补偿受伤的员工，胖东来决定给予涉事员工5000元的精神补偿。

  胖东来这一系列的操作，不仅安抚了顾客的情绪，强化了内部的管理，也尊重和保护了自家的员工，真正体现了人性化管理，真正体现了以人为本的企业文化，这正是它被评为最具人性化超市的原因。

  员工是企业得以生存和发展的基石，是推动企业发展的主要力量，没有员工的努力付出，企业即便拥有最好的技术，拥有最雄厚的资本，拥有最丰富的资源，也无法在市场上站稳脚跟。正因为如此，企业在倚仗员工的时候，要懂得尊重员工，要坚持以人为本的管理理念。许多企业在谈到坚持以人为本的时候，往往会停留在如何奖励员工，如何满足员工利益诉求，如何为员工提供更好的发展通道等层面上，却忽略了一个最根本的问题：真正的以人为本首先建立在人性化的关怀基础上，以人为本的核心就是尊重、包容，保护员工的合法权益。而且，相比于单纯的物质奖励和授权，企业对员工人格的尊重，对员工权益和尊严的保护往往更加重要，因为这才是企业真正将员工当成自家人对待的体现，才是真正让员工心甘情愿为企业发展付出的保障，同时也是团结员工的力量，完美掌控局势的关键。

  以人为本是企业文化中非常重要的内容，也是企业提升经营管理效率的重要保障。它强调了员工的主人翁地位，切实保障了员工的基本利益，为员工的生存和发展提供了最坚实的保障，确保员工可以全心全意为企业发展贡

献自己的力量。

那么,企业在管理中应该如何坚持以人为本呢?

以人为本强调对员工多样化、多层次的需求满足,对于企业管理者来说,不同的员工会有不同的需求,比如有的员工更希望获得更高的工资和物质奖励,有的员工则希望可以获得公平晋升的机会,还有一些员工希望获得自我实现和施展才华的空间,也有一些员工更加看重精神层面的认可与激励。管理者在面对不同需求的员工时,不能搞"一刀切",片面认为所有人都喜欢物质奖励,而应该具体问题具体分析,真正满足员工的需求。

以人为本强调对员工精神层面的尊重和关怀,这种尊重体现在诸多方面。比如,尊重员工的立场和表达,尊重员工付出的一切努力,尊重员工的人格;而关怀主要体现为对员工工作状态的关心,以及对员工工作环境和生活环境的关注,确保员工在一个更加舒适的环境中生活和工作。尊重和关怀不能仅仅停留在口头层面,要发自内心地给予员工更多的爱,让他们感受到企业管理的温度,感受企业人性化的管理内核。

以人为本强调一种弹性的管理,在一些特定场合下,企业需要讲究人性化管理,需要在制度之外实施人情管理,不要死守那些规章制度。许多人会担心一些人情化的管理模式弹性十足,会破坏内部的公平,也会破坏制度的约束力,但无论是哪一家公司,内部管理实际上都掺杂一些人情。让冰冷规章制度变得更有人情味,企业的管理才能真正服众,才能团结内部的所有力量共同发展、共同进步。

以人为本还强调对员工未来发展和成长的保护,简单来说,企业管理者不能仅仅停留在满足员工当前的发展需求,还要为员工以后的成长负责。比如,为员工提供培训,帮助员工构建更适合自己发展的平台,或者当员工离职后,帮助员工寻找新的就业机会。比如麦肯锡咨询公司就会帮助离职的员

工寻找新的工作,管理者会利用自己的人脉主动联系其他优秀的跨国公司。麦肯锡把每个曾经在公司工作的员工都视为校友,而且每年都会拿出巨额费用维持彼此之间的关系。

坚持以人为本,坚持善待员工,是一个基本的管理要求,企业需要按照自身的实际情况选择不同的管理方式,而不是盲目去抄袭和模仿其他公司的做法。

第六章　出色的人才管理，才能让工作稳定可控

打造一个美好的共同愿景

作为一个管理者和引导者，首要任务就是引导员工调动内心的欲望，激发出他们奋斗的意识、决心以及激情，确保员工可以拿出最佳的状态投入工作。在过去，很多企业家会习惯性地通过强制性的指令模式以及相应的物质奖励来刺激员工，督促他们拿出更好的表现。可是对于员工来说，这种管理模式下的收益停留在低层次的需求满足上，包括安全需求、归属感以及尊重，但是对于更高层次的需求（自我实现的需求）则难以得到满足。

想要真正实现各个层次的需求满足，企业必须进一步激发员工的主动性和积极性，而相对简单、直接的方法就是为员工设定一个美好的愿景。愿景更像是企业或者个人的阶段性目标，它与使命不同，使命是人们必须做什么，从而为周边的人、为团队、为社会带来什么价值，愿景则是个人能够获得什么样的成功，是典型的"我能为自己带来什么"。通常情况下，员工会通过更好的工作表现来赢得信任，并从管理者那里获得相应的物质奖励和精神奖励。在这种模式中，员工往往是被动承受者，他们的工作源于上级的指令和要求，他们的收益则来源于上级领导的绩效评估。而愿景不同，当员工拥有美好的发展愿景时，自己所获得的那些东西并不都是管理者给予的，而是自己努力去争取到的，而且这些东西真正符合管理者的期望。

一个出色的管理者在管理人才的时候，会构建一个美好的共同愿景，将企业的发展愿景与员工的个人愿景完美结合起来，让员工意识到工作究竟意味着什么，从而推动员工充分发挥主观能动性，以及保持更大的工作热情。而帮助员工打造伟大的、美好的愿景，就是告诉他们应该成为什么样的人，应该做成什么样的事。在这里，愿景既是企业发展的一个战略方向，也是员工个人的人生算法，可以确保员工能够从大局出发，聚焦工作中那些最关键的想法，并且推动他们一点点去实现。

企业发展的愿景按照层次和范围来划分，可分为组织大愿景、团体小愿景和个人愿景。真正合理的愿景就是一种共同愿景，它是企业的大愿景与个体小愿景的完美结合，共同愿景本身就是以个体愿景为基础的，这样才能够充分调动员工的工作积极性和创造性。

正因为如此，在构建共同愿景之前，企业管理者需要想办法了解员工的个人愿景是什么，让他们描绘并设计团队在某个阶段的状况以及希望达到的目标，然后对这些期待进行整理和分析，找出大家都在关心的问题，都在期望的东西。与此同时，管理者要鼓励员工拿出合理的执行方案来实现个人的愿景，员工必须提供可行性验证方案，明确执行的策略、方法以及目标，同时还要对可能出现的意外进行预测，并给出相应的解决方案。只有这样，才能保证个人愿景与企业愿景的有机融合。

此外，共同愿景中必须体现出员工的个体价值。团队在制定共同愿景的时候，不要只强调企业的发展目标和预期的发展成果，还必须根据员工个人优势及岗位特点，制定更为合理的方案，确保员工可以在最擅长的领域以及最合适的工作岗位上发挥自己的能力。这种安排不仅有助于团队工作的展开，也有助于提升员工的自信心、使命感、成就感，让他们意识到"这项工作只有自己才能完成"，并不断推动他们实现自我超越。

著名的企业家稻盛和夫曾说:"愿景和目标是企业实现梦想的力量源泉,让企业的愿景成为全体员工的愿景,强大的力量就能发挥出来,企业也会产生巨大的能量。"只要注意观察,就会发现那些优秀的企业往往具备美好的愿景,可以将全体员工的想法呈现出来。

比如,Space X的创始人马斯克在发展自己的太空事业时,为所有参与制造火箭和飞船的员工构建了共同愿景,那就是将火星打造成为永久的基地,让人类成为跨星际物种。所有参与这个伟大计划的人都将成为创造历史的一部分而被永久铭记,所有的参与者都有机会证明自己的能力和天赋,以及与生俱来的那种使命感。

乔布斯在谈论企业的发展愿景时,告诉所有人"你们将有机会改变整个世界"。这样的表达毫无疑问具有非常大的诱惑力和煽动力,有助于员工提升自己的觉悟,同时强化员工参与"改变世界"的决心。

沃尔玛的愿景是给普通百姓提供机会,使得他们能与富人买到同样的东西。所有沃尔玛的员工为自己有机会做这样的事情感到荣幸,他们也因为积极改善普通人的生活品质而受到尊重。

需要注意的是,制定美好的共同愿景往往具有阶段性,也就是说在不同的发展阶段,企业的相关愿景要符合阶段性发展的需求和特征。企业创立之初的愿景与企业高速发展期的愿景不一样,员工的心理状态和预期也不一样,企业必须及时进行调整,确保员工和企业一同成长。

第七章
做好风险管控,防止局面失控

 控 局

做好业务聚焦，不要盲目扩张

许多创业者和企业家在经营管理的时候，喜欢使用多元化的策略，拓展各种业务，并且认为业务类型越多，成功的概率越大，企业越容易做大做强。因此，他们往往会选择在不同的领域内进行业务扩张。而这种发展模式往往会产生一些副作用，比如在多元化的发展模式中，企业的资源被大量分散掉，以至于企业涉及的项目很多，但是缺乏一个核心的业务，而且各项业务的发展都很平均，都缺乏竞争力。有时候，由于资本被大量消耗掉，企业会出现资金周转困难，甚至因此陷入破产危机。

股神巴菲特曾多次强调："多元化投资就像诺亚方舟一般，每种动物带2只上船，结果最后变成了一个动物园。这样投资的风险虽然降低了，但收益率也同时降低了，不是最佳的投资策略。我一直奉行少而精的原则。我认为大多数投资者对所投企业的了解不透彻，自然不敢只投一家企业而要做多元投资。但投资的公司一多，投资者对每家企业的了解相对减少，充其量只能监测所投企业的业绩。"

个人投资是如此，企业的发展同样如此，盲目多元化并不意味着营收渠道的增加，由于资源的有限性，企业反而很容易在盲目扩张和业务分散的道路上被拖垮。在20世纪90年代，美国企业的生存空间和发展受到了世界其他

企业的挤压，迫于业绩增长压力，美国各大企业几乎都选择了多元化的扩张道路。它们增加了更多的产品线和服务类型，希望可以改善业绩增长乏力现象，结果产品线和服务的大量扩展并没有取得预期的效果，多元化的发展模式给企业带来了更大的负担，也影响了企业的业务聚焦，像通用电气公司、IBM这样的巨头都面临着严重的下滑，并且深陷亏损的泥潭。

英国经济学家辛普森在1951年提出了著名的辛普森悖论，即在某个条件下的两组数据，在分开单独讨论时，会表现出某种性质，可是一旦将两者合并起来分析，就会呈现出截然相反的结论。这个悖论说明了一个道理：很多看起来在分组评分中占据优势的一方，最后在计算总分时反而成为弱势的一方。也就是说，某个人或者某个项目，在独立分析和评价各个指标时，大多数都占据优势，可是最后进行综合评分时，却输给了对手。

为什么分开分析时，大部分指标都领先对手，但是计算总分时却落后对手呢？很大一个原因就在于赢的那些指标，优势通常都很小，而输给对方的那些指标，其评分却大幅度落后于对手。比如两家企业在竞争比对时，各项业务的评分如下：A公司的手机终端业务评分为5分，B公司的手机终端业务为6分；A公司的车载系统业务为6分，B公司的车载系统6.5分；A公司的机床制造业务为8分，B公司的机床制造业务9分；A公司的通讯业务为10分，B公司的通讯业务只有5分。两相对比之下，A公司有3项业务落后于对手，但是总分却仍旧比B公司要高。

很多盲目扩张、盲目多元化的企业都陷入辛普森悖论之中：虽然拥有多项业务，但是多数业务都不达标，企业的综合实力并不高。假设某家企业新拓展了5项业务，但是这5个项目中有4个都面临亏损，另外一个也没有什么盈利，那么这个时候，这些新拓展的业务就成了企业发展的累赘和负担，成了阻碍企业提升市场影响力的绊脚石。

严格来说，优秀的企业并不是依靠盲目的多元化策略来获得发展空间的。相反，它们比其他公司更加知道如何做好业务聚焦工作，它们会将精力和资源集中在少数几个回报率高且有很大发展空间的项目上。企业想要获得发展，想要在市场上保持强大的竞争力，想要获得持久而可观的收益，只需要把握住少数几个好项目就行了。像亚马逊、特斯拉、苹果、微软、字节跳动、大疆等公司，都是坚持业务聚焦，把精力放在最能产生收益的项目上，将经营管理的重心放在最能推动企业发展的业务上，而最终它们也成了各自领域的佼佼者。

业务聚焦往往可以保证资源的集中利用，可以确保作用力和竞争力最大化。企业想要做到业务聚焦，首先一定要进行合理定位，了解自己最擅长做什么，了解什么样的项目获益最大，同时必须清晰地了解自己要赚哪一部分钱，要赚哪些顾客手里的钱，弄清楚钱在谁的口袋，以及如何让消费者愿意把这个钱从他的口袋掏出来。

企业采用业务聚焦策略的时候，如果不清楚自己应该做什么，或者说不清楚自己适合做什么，那么最好的方法就是逐步排除，找出那些企业不适合做的业务。相比于弄清楚自己应该做什么，了解自己不应该做什么往往更加重要。通过排除法，企业可以慢慢聚焦在更值得信任的业务和项目上。

聚焦的目的是更好地掌控发展机会，提升突破的机会。从本质上来说，业务聚焦并不意味着只选择一个项目，企业想要提升业务的竞争力，想要提升市场影响力，可以集中关注少数几个项目和业务，而且这些业务最好可以形成互补，组成一个合理的搭配。比如，同时投资轻资产项目和重资产项目，这样的组合往往可以保证企业在盈利的同时，保证业务拓展的安全性。

第七章 做好风险管控，防止局面失控

划定能力界限，只做自己了解的东西

麦肯锡资深咨询顾问奥姆威尔·格林绍的说法："我们不一定知道正确的道路是什么，但不要在错误的道路上走得太远。"什么是错误的道路呢？最明显的就是那些自己不擅长也不了解的项目，这些项目容易造成严重的亏损，容易制造各种麻烦。

著名的投资大师查理·芒格说过："要清楚自己的天资才智在哪里。如果你去玩一个别人有天赋而你没有的游戏，那你就会被打败。要找到你能胜出的领域，然后在你自己的能力范围内奋斗。"创业者、企业家以及投资者都要坚守这个原则，无论做什么事情，都要确保这件事在自己的能力范畴之内，或者最好是自己擅长和了解的。只有这样才能提升做事的效率和成功率，才能做好相应的准备工作，以及具备应对危机的能力。

在经营管理一家公司的时候，了解并守住自己的能力界限至关重要，但很多创业者和管理者缺乏明确的自我认知，更多时候，他们更倾向于投资那些盈利很高的业务和项目，更加倾向于接触那些自认为很有前途的行业。甚至，许多企业会将其定义为"市场导向"，认为市场上需要这些东西，有大量的需求，那么自己就应该义无反顾地做这件事，但他们忽略了一个最基本的东西：自己是不是有能力去做这件事，是不是有能力做好这件事。

 控局

太阳神集团在1989年至1993年间，发展速度非常惊人，年产值从4300万元飙升至13亿元，市场份额达到了63%。1995年，太阳神集团在香港联交所挂牌上市，它是国内保健食品行业中第一家在香港上市的企业。就在大家都在畅想太阳神集团在不久之后将会成为一个规模庞大的集团时，它居然开始走下坡路，原来管理层一口气投资了石油、化妆品、汽车、边境贸易等十几个自己从未接触过的新项目。由于缺乏专业知识，也不具备竞争优势，导致公司的发展很快就陷入泥潭。不仅如此，由于资源被大量分散，太阳神集团在原来的保健食品行业的投入受到限制，慢慢失去了竞争力。

企业可以尝试着接触一些新东西，但这并不意味着就要盲目突破自身能力界限，去做一些自己能力之外的事情。真正优秀的企业往往具有自知之明，会严格控制好自己的业务范围和规模。

那么，企业应该如何划定能力界限，在安全范围内经营和发展呢？

首先，管理者主动了解员工的能力，做好员工的职能匹配工作。在管理学当中有一个著名的彼得原理，也叫向上爬原理，是指在一个等级制度中，每个职工趋向于上升到他所不能胜任的地位。也就是说，员工经常会被提拔到自己无法应对的岗位上，导致他们无法正常完成工作。企业管理者一定要明确每个人的能力，划定每个人的能力界限，然后将他们安排到真正能够发挥价值的岗位上。

其次，企业需要做好自身的定位工作。要明确自己适合做什么，适合在哪一方面发展，不要轻易去接触那些自己不了解、不擅长、不曾接触，或者没有能力完成的业务，不要冒险去投资那些自己并不熟悉的高回报项目。

最后，企业需要想办法明确两种能力边界：纵向的能力边界和横向的能

力边界。纵向的能力边界是企业的市场边界，即适合经营什么以及不能经营什么，纵向能力界限的确定往往决定了企业的经营范围和业务范畴。横向能力边界主要是指企业经营某个项目的规模，具体来说，就是企业打算经营多大规模的市场，或者打算获得什么样的市场份额。

  总之，企业的资源是有限的，能力水平也是有限的，不可能对所有行业都了如指掌。当面对一些自己不了解且无能为力去掌控的项目时，可能就会失去价值的评估能力，以及对危机的判断力。因此，企业需要在一个自己有机会去掌控的领域内发展，这样才能更好地控制发展方向，也才能有效控制好各种可能存在的风险。

 控 局

保持独立操作能力，拒绝跟风

　　桥水基金之所以能够在数次危机中保持不错的收益，首先取决于掌门人达利欧出色的管理能力。他总是能够准确做出预判和决策，能够在危机到来的时候，找到解决危机的办法，并做到逆势创收。其次，就在于这家公司打造了著名的"萧条计量指标"。公司花费大量时间和精力研究了经济危机，然后针对性地打造了一个计算机决策系统，整个系统详细列出了不同情况下应该采取的应对措施。每当外界环境出现变化（尤其是出现经济危机时），桥水基金和达利欧总是能够保持独立的操作意识，不会轻易跟风。

　　2008年，桥水基金依靠萧条计量指标以及相关的模型，成功预测了美国以及世界金融危机的到来，因此公司制定了充分的应对措施，牢牢控制住了局面。在大量基金公司与投资机构面临巨大亏损的时候，桥水基金获得了高收益，还因此成为行业内出色的基金公司。

　　2010年，欧洲债务危机爆发，整个欧盟区与美国都受到了严重的冲击。在大家都在面临巨大亏损的时候，桥水基金的收益却高达45%，这让桥水基金坐上了行业第一把交椅。2016年，由于英国积

极脱欧，大量投资机构由于操作不当引发股价大跳水，保持独立风格的桥水基金则狂揽49亿美元，成了为数不多的赢家。

桥水基金多年来一直坚持按照自己的理解进行投资，一直按照自己的节奏进行部署，这使它拥有出色的控局能力。截至2022年，桥水基金已经掌管了大约15000亿元人民币。

企业想要做好风险管理，那么首先要做的就是识别并远离风险。在识别风险的时候，许多企业缺乏自主判断、自主分析的能力，凡事都寻求他人的意见，或者直接盲从他人的选择。在他们看来，大家都在关注的项目和业务就是好项目，行业中流行的商业模式就是好的商业模式，这种单纯以大众化选择作为自己参考标准的做法，往往会让企业发展陷入困境。

企业的业务选择和投资选项可以复制其他对手，可以跟着大家一同进入某一市场，但是别人的成功未必也可以复制。企业的经营管理方法往往可以复制，但企业文化、商业模式、供应链、品牌影响力、市场规模、技术优势、组织结构与权力体系往往很难复制。很多项目适合A企业，但未必就适合B企业，更何况每个企业所面临的内外部环境不同，发展诉求也不一样，抄作业的方法并不会带来什么帮助。

从某种意义上来说，这个世界上不可能出现第二家苹果公司，不可能出现第二家特斯拉，也不可能出现第二家字节跳动，即便完全按照这些企业的模式去发展，也很难造就一个类似的成功企业。别人的成功经验与业务选择可以作为自身发展的参考，但企业想要获得发展，想要变得更加成功，最好的方法还是保持独立，按照自身的条件去发展适合自己的业务，选择适合自己的业务。

比如，在我国卫浴行业和橱柜行业，存在非常严重的模仿、抄袭现象，

当一家企业推出新产品、新模式之后,其他企业就会一窝蜂地跟进,模仿生产出同类型的产品,打造同款生产营销模式。这不仅伤害了那些积极创新的企业,这些企业贸然跟进还会导致自己无法找到合适的发展模式,很容易被市场淘汰。

保持独立性是企业正常经营的基础,是确认企业发展边界的关键,也是推动企业更合理地控制自身发展的关键。而企业想要保持独立操作,就需要具备独立发展的意识,并创造独立发展的条件。

首先,企业需要认真分析和了解自己的定位。找到自身的优势和不足,了解自身面临的机遇和威胁,明确自己真正的发展方向和模式,然后找到真正适合的业务和项目。

其次,企业需要保持清醒的头脑。当自己试图跟风行动的时候,需要弄清楚一点:当大家都看好某个项目时,这个项目或许正在丧失吸引力,其发展空间也会受到收缩,因为任何一个行业中不可能存在大量成功者。此时,企业反而更应该反其道而行,保持与众不同,这才是企业获得成功的密码。

最后,企业的领导者需要摆脱关联企业或者其他管理者的干扰,一心一意走自己的发展道路,拒绝被其他外界因素捆绑。

还有一点很重要,企业在跟风和模仿的时候,不要总是盯着哪些企业获得了成功,获得了什么样的成功,更应该看看有多少企业在相关行业中出现了亏损,面临着什么样的困境。多看看那些失败者,反而有助于企业发现跟风的潜在威胁。

设置好止损点，将风险控制在可承受范围内

无论企业的内部环境，还是外部环境，往往存在一些不可控因素。比如不断变化的商业环境，内部突发性的变故，这些通常是影响企业稳定性的要素，企业必须加以防备，将风险控制在自己能力范围之内或者安全范围之内。以亏损为例，企业面临亏损是非常常见的现象，即便是最出色的投资人以及最伟大的企业，也可能会在某些项目投资和业务经营中出现亏损。不过，即便是投资出现失误，他们也懂得如何控制风险，比如对高风险的项目保持距离，而且会想办法将亏损控制在可控范围之内。

首先，控制趋势下滑造成的亏损。严格来说，趋势下滑造成的亏损并不是真正的亏损，它只是不再像以前那样盈利了。从整体的收益来看，企业还处于盈利状态，只不过相关的项目和业务已经过了盈利期，效益开始下滑。比如，某工厂生产机床，前八年每年的净收益分别是5000万元、6000万元、7000万元、6500万元、6000万元、4500万元、3100万元、1200万元。到了第九年的时候，市场变得不景气，亏损200万元。这个时候，企业可以及时止损，放弃机床业务。

其次，避免成本出现亏损。简单来说，就是企业不断亏损，已经接近所有的成本投入。比如，某公司前几年的获利总额达到了7000万元，可是由于

国际市场动荡、产业升级发展滞后、企业经营管理不善，在之后两年时间内亏掉了7000万元。这个时候，如果继续经营的话，可能就会亏掉本金。

最后，设定能够承受的成本亏损额度。避免成本出现亏损侧重于保护本金，对企业来说，保护本金不受影响是最重要的任务。设定能够承受的成本亏损额度则放宽了对本金的保护，企业允许本金出现适当的亏损，只要不会影响后续的资金利用就行。在这种形态中，企业通常会给资金的亏损设置一个安全线。

一般来说，避免成本出现亏损和设定能够承受的成本亏损额度都可以设置止损线，前者的亏损控制很直接，那就是以"零收益"为标准，当亏损的金额刚好达到总盈利的金额时，就会选择放弃相关的业务和项目。对于大多数人来说，避免成本出现亏损往往是最常见的一种选择，因为他们并没有太多的资金可供支配，试错的空间非常小，只要亏损较大，就会影响后面的创业和投资。

企业可以按照具体的情况设置一个亏损的额度，比如可以亏损200万元，或者亏损比例可以达到30%。这种机制一般更适合企业，而且是那些实力并不算很差的企业，它们拥有相对充裕的资金，拥有更多尝试的机会和犯错的机会。不过考虑到资金的安全性，设置一条红线还是很有必要的。

设置止损点是控制亏损程度的一个重要方式，也是保证资金安全的合理选项。当亏损达到多少钱，或者亏损的比例是多少时，就启动安全防护机制，脱离亏损的业务，这样就能够有效控制风险。尤其对于那些资金紧张的企业来说，这是一个必备的防护手段，可以确保企业在面对亏损时也能全身而退，不会让自身的实力和发展计划受到太大的影响。很多初创型企业往往经历一次失败就一蹶不振，再也无法轻易把握住发展的机会，就是因为没有合理设置止损线，导致出现的亏损严重超出预期，造成了资金上的困局，对创业者的信心带来了严重的冲击。

在面对亏损的时候，很多企业可能会陷入"沉没成本"的陷阱当中。"沉没成本"是指那些已经投入的成本，它们与当前的决策没有任何关联，也就是说，无论自己是继续投入还是选择暂停，之前的投入都已经不可收回了。"沉没成本"往往会影响人们的决策，强化人们继续投资的意愿。企业出现亏损时，就可能会对这些亏损耿耿于怀，想方设法在之后的操作中挣回来，即便它们知道这样的概率还小，但是往往还是会选择继续冒险投入。过度在意沉没成本往往是风险控制的重大阻碍，企业会过分乐观地看待接下来的形势发展情况，就会不断挑战亏损的底线，这个时候设置止损点就变得至关重要。无论是企业还是个人，当亏损接近止损点时，就一定要强制自己放弃这项业务，绝对不能抱着侥幸心理去承受更大的亏损风险。

比如很多公司明确规定，一个项目的亏损额不能超过30%，一旦项目的亏损额度超过这个比例，而项目的发展并没有好转的迹象，那么企业就必须放弃这个项目，以免加重负担。很多跨国公司更是非常重视业务的止损点，会尽可能保证自己的每一笔投资，严格按照风险控制和止损点的设置来推动复杂的工作。

止损点的设置没有一个统一的标准，也没有所谓的固定比例，每一个企业要根据自身的实际情况进行合理设置，要依据相关业务的潜在收益和成本投入进行合理设置。比如，有的企业投资某个项目只是单纯为了尝试一下，或者验证某些指标，那么完全可以降低止损点的额度或者比例。有的企业对相关项目非常看好，并且认为它将来一定具备增值和发展的空间，这个时候也可以坚定意志，提高亏损的额度。此外，如果企业拥有雄厚的资金和实力，或者相关的业务并不是企业的主营业务，那么止损点的设置就相对随便，毕竟造成的亏损并不会影响大局。

 控 局

不要过度依赖杠杆去发展

很多企业为了增加投资机会，需要保护当下的现金流，因此常常会冒险使用更多的杠杆工具来盈利。例如，一家公司打算投资一个文旅项目，耗资达到5亿元，而公司刚好拥有5亿元的资金。这个时候，公司一般不会将5亿元的资金全部用于这个项目的投资，而是只愿意出资2亿元，然后向外借贷3亿元。它之所以会这样做，就是为了将手上剩余的3亿元用来投资其他项目，而在投资其他项目时，这家公司会以同样的方式进行借贷。通过这种模式，公司可以同时着手推进几个项目甚至几十个项目。

杠杆似乎可以创造更多的投资机会，也可以增加潜在的收益。那些喜欢利用杠杆的企业通常都具备一定的冒险精神，尽管它们知道其中的风险，但是潜在的巨大收益吸引着它们疯狂运用杠杆。这些企业的管理者和项目负责人认为，使用杠杆会产生大量的利息，但是与潜在的收益相比，这些利息简直不值一提。他们会非常乐观地评估当前的局势和未来的情况，认为这些项目一定会带来高额利润。

杠杆会帮助企业实现效益的翻倍，同样也会造成亏损的翻倍，而且从长远来看，高杠杆的风险只会越来越大，越来越难以控制。

债务以及杠杆永远都是一把双刃剑，在创造收入的同时，也容易带来巨

大的风险。以国内的房地产为例，每年都有大量的企业因为资金流通不畅而陷入困境，更是有一大批企业因为债务问题而宣布破产，其中还不乏一些行业内的头部企业。有很多制造公司，为了获得更多的发展资金，也常常会选择向外借贷，这种操作往往会让局势失控。

  李嘉诚一直以来都以出色的商业头脑著称，在几十年的经商生涯中，他一直都恪守一个基本原则，那就是拒绝高负债率和高杠杆。很多时候，他宁愿从自己的实业中套现，也不愿背负过高负债率带来的经营和投资风险。与国内那些大公司动辄100%甚至200%以上的负债率相比，李嘉诚的企业在负债率方面的控制非常严格，也更加科学和安全。比如，2022年的时候，李嘉诚名下企业的负债率低于3%，和记黄埔即便在负债最高的时候，负债率也没有超过50%，很多时候，他都是有意将企业负债率控制在15%左右，确保总债务与业务的流动资产相匹配。这就是很多企业在经济危机或者经济下行期间容易出现资金周转不灵的情况，但李嘉诚的公司每一次都可以顺利度过危机的原因。

  企业想要控制风险，就要控制好杠杆和负债。杠杆虽然具有一些正向的作用，但是一定要将其控制在安全可靠的低水平上。像微软公司、阿里巴巴、腾讯的负债率基本上控制在50%以下，亚马逊的负债率虽然在70%左右，但是很大一部分都是无息贷款，不会给企业造成什么负担。苹果公司的负债率比较高，但也维持在80%左右，这仍然是一个相对安全的范畴，更何况苹果公司的规模、影响力、盈利能力都足以支撑这样的负债率。

  那么，企业应该如何控制杠杆呢？

首先,企业的任何增产、扩产都要符合自身的实际情况。企业要以自身实力为基础,努力控制好投资规模和成本投入,不能盲目增加业务。一旦负债规模太大,与企业自身的发展水平、经济实力不成比例,潜在的风险就会变得不可控。

其次,企业要强化内部的管理,加强成本控制,提高工作效率。这样就可以更好地减少不必要的开支,确保所有的资金可以合理使用,尽可能减少借贷。企业还要加强内部的资金管理,在企业需要动用资金时,必须建立明确的审核审批制度,设定一定的权限,构建更合理的流程,以强化企业对资金调度的控制。

需要注意的是,企业的杠杆率增加或者降低往往与经济发展有关。不过,即便如此,企业还是应该合理控制杠杆,不要过度依赖杠杆来发展。

第八章
想要完美控局,需要培养正确的认知

 控 局

控局不是保守主义和因循守旧

众所周知，传统的燃油车巨头有通用公司、丰田公司、本田公司、宝马公司、奔驰公司，这些公司拥有巨大的技术优势和市场优势，其他公司很难撼动它们的行业地位。如今这些汽车公司的市场影响力仍然很大，但是如果立足未来，就会发现它们也面临重重危机。

2022年，全球汽车制造商市值排名第一的是特斯拉，丰田汽车排名第二，比亚迪排名第三。在前三的排名中，特斯拉和比亚迪都是新能源汽车品牌，它们已经成为最具发展潜力的汽车制造商，它们在未来可能会继续拉大与传统汽车制造商的排名差距。为什么特斯拉和比亚迪可以快速实现逆袭呢？原因就在于它们把握住了时代潮流的发展，创新性地改变了赛道。

众所周知，在燃油车领域，丰田、本田、大众、宝马、奔驰这样的巨头拥有天然的竞争优势，无论是技术积累、市场份额、品牌知名度都要远远超出其他汽车制造商。可以说，它们是市场游戏规则的制定者。对那些无法进入主流市场的汽车制造商而言，最好的方法就是改变赛道，因为改变赛道才有机会改变游戏规则。新能源的概念迎合了它们的发展需求，特斯拉和比亚迪就是通过发展新能源汽车技术实现了弯道超车。

有人也许会说，既然新能源是未来汽车产业的发展趋势，那么丰田公司

和宝马公司这样的燃油车巨头一样可以转型做新能源汽车。事实上，像丰田和宝马这样的公司很早就考虑过新能源，甚至还推出过新能源汽车，但很快就不了了之。为什么会这样呢？原因就在于它们陷入创新者窘境之中。

创新者窘境是著名经济学教授克里斯坦森提出来的。他认为当一些大企业占据很大的市场份额时，服务于当前这个稳定的市场就成为整个管理体系的首要任务，企业这个时候会错误地认为，掌控局势的办法就是维持现状，以更加保守的姿态来维护自己当前的产业利益即可，因此它们不愿意做出改变，也不愿意创新。就像那些传统的汽车制造商一样，它们会觉得自己有能力继续掌控当前的汽车市场，有能力继续保持强大的竞争优势，并维持自己的市场地位和利益，即便它们很早就意识到了新能源汽车的发展潜力，也选择保守主义。

而这种保守主义很容易让企业失去发展的机会，最终可能会在时代产生变革时陷入困境，甚至被淘汰出局。以丰田公司为例，它其实也曾考虑过发展新能源，但是与发展新能源"需要一切从头开始"的状态相比，它在燃油车领域几乎已经实现了称霸，巨大的市场和利益诱惑，使得它不愿意放弃现有的发展模式。还有一点，丰田公司形成了一整套完善的生态链，生态链上的每一家企业都受惠于它的发展和壮大，一旦丰田公司转型，它们会失去大量的收益，甚至濒临破产。因此，它们会千方百计阻碍丰田公司发展新能源汽车。德国和日本都是燃油车时代的强国，但过于看重市场，过于迎合市场的行为让它们浪费了绝佳的转型机会。在未来，这些企业的生存空间可能会大幅度压缩。虽然丰田公司如今正在研发固态电池和氢能源电池，但是在和新能源汽车竞争的过程中，这头"大象"的转身似乎有点缓慢。

其他行业往往也是如此，很多企业之所以在面临大好形势的时候采取守势，就是因为对控局的错误理解。它们误以为只要继续保持自己的优势，只

要继续在原来的领域内发挥特长,就可以长久地生存下去,可实际上外部环境尤其是市场环境的变化往往超出人们的想象。如果选择用僵化的、静止的思维看待这一切,就可能会导致企业落后于竞争对手。

对任何企业来说,保守主义和因循守旧的行为都是不可取的。保守意味着按下了暂停键,尽管企业可能在相当一段时间内能够获得不小的收益,可是从长远来看,企业会断送掉未来的发展。真正的控局不仅仅是为了维持稳定,更是努力创造可持续发展的局面,所有的控局手段必须迎合发展的需求,必须考虑到各种变化。

比如,在面对市场竞争时,企业既要想办法维持住现有的竞争优势和市场规模,同时也要时刻注意竞争对手的动向,保护自己的现有业务不受竞争对手的侵犯,并且确保对方不会在一些新领域实现弯道超车。可口可乐公司和百事可乐公司之间就存在这样的情况,可口可乐公司作为市场的先行者和领导者,多年来一直都在竞争中占据优势,但是来自百事可乐的冲击始终都存在。因此,可口可乐丝毫没有放松警惕,而是选择不断改进自己,通过不断成长来保持竞争优势。

真正的控局应该具有创新意识,应该用创新的、发展的眼光看待未来的局势,无论是技术创新、服务创新、运营机制创新,还是商业模式创新,都需要保证具有前瞻性。企业要主动走出舒适区,想办法在未来的竞争模式下也占据主动性。

第八章 想要完美控局,需要培养正确的认知

重点关注过程,而不是过度关注结果

斯坦福大学行为心理学教授卡罗尔·德韦克认为,人的思维模式可以划分为两种:第一种是固定型思维模式;第二种是成长型思维模式。

固定型思维模式是指人们在做事时,喜欢以最终的结果作为评判个人能力和工作方式的标准。拥有固定型思维模式的人往往认为人的智力是固定的,不会随着年龄的增加和阅历的增加而获得成长,他们在做事的时候,并不关心也不觉得自己会得到成长的机会,因此他们通常只看重做事的结果。在日常工作中,他们并不关心自己或者其他执行者使用了什么方法和策略,能够积累什么样的经验,他们只关心工作是不是可以顺利完成。

科学家还专门针对这些人做了相关的实验。在使用相关的仪器监测他们的脑电波时,科学家发现,当人们在获悉自己的工作结果时,他们的注意力会非常集中,可是在学习和工作的过程中,则表现得非常安静。由此可见,这些人对于做事的过程丝毫不感兴趣,他们并没有强烈的学习和成长意愿,只是机械性地想要完成任务,获得满意的结果。

相比之下,拥有成长型思维模式的人更加关注自身的成长。他们在做事时,虽然也渴望得到一个理想的结果,但是更加在意自己是否可以在工作过程中得到更多知识和经验,是否可以通过历练来提升自己的能力和水平。也

正是因为如此,他们喜欢接受挑战,喜欢拥抱外界的变化,并且享受这个过程。按照他们的理解,一个人只要多加历练就可以获得更大的成长,那么成功自然是水到渠成的事。

在相关的科学实验中,拥有成长型思维模式的人的脑电波监测与固定型思维模式的人明显不同,在做事的过程中,他们表现得更为专注,对过程也更有兴趣。

过度关注结果是很多人、很多企业都存在的问题。这里涉及很多方面的因素,比如很多企业的绩效考核本身就是唯结果论,结果的好坏直接决定了员工的能力考核与日后的发展。这就使得很多人一味冲着结果去发力,甚至不择手段,却忽略了如何在奋斗的过程中学习新的技能、新的知识、新的经验、新的方法、新的思维,最终导致员工的能力并没有得到提升。这又会限制他们下一步的成长,阻碍他们进入更高层次的平台去发展。从某种意义上来说,当员工以及整个企业都陷入固定型思维模式当中时,无论是对员工本人的发展,还是对企业的管理和发展来说,都会带来很大的负面影响。

比如,企业要求每个员工年底必须生产至少20000套产品,这20000套产品就是一个结果考核指标,至于如何实现20000套产品的产量,企业并没有一个明确的规定。这个时候就可能会出现好几种情况:第一种,企业的生产部门为了完成任务,开始加大投入,结果年底真的按质按量完成了任务,可是成本也因此提升了50%,这样的结果明显对企业发展不利;第二种,各生产小组都按照自己的方式完成了任务,但是大家都没有总结经验,也没有内部交流,导致一些更为合理的工作方法没有得到及时的总结和推广,使得内部工作体系无法做到统一化、标准化、效率化。

如果企业可以关注和控制好过程,那么整个企业就会进行流程优化,就会想办法对过程中的方法、节奏、顺序、要素等进行调整和优化,确保企业能够找到一个不断完善、不断提升的方法，打造一个统一的、标准化的工作体系。

现在，越来越多的企业正在放弃传统的完全以结果为最终考核标准的绩效考核制度，转而增加了很多过程考核指标。企业希望通过一系列过程指标的设计，帮助员工明确工作提升的方向，企业可以更加清晰地知道员工在工作过程中是否存在进步，是否一直坚持做正确的事，是否保持良好的工作状态，了解员工在工作过程中遭遇了什么危机以及如何解决这些危机。过程指标的设计在一定程度上明确了员工工作的流程和轨迹，也呈现了员工的成长轨迹。而且，过程指标的设计也能够让企业更清晰地了解工作过程中究竟发生了什么，容易出现什么问题，以及最好的解决方法应该是什么，从而方便企业及时做出调整和控制。

以营销工作为例，如果企业只看重员工和部门的年终销售额，对企业和员工如何改进营销方法根本没有任何帮助。设计过程指标就可以更好地了解方法是否合理正确，了解整个执行过程中哪些地方是合理的，哪些地方值得改进。比如，企业可以设置客户拜访量、老客户的二次开发量、新客户开发量、阶段性的销售额等过程指标，更确切地了解企业和员工的优势是什么，应该重点从哪些地方进行提升。

正因为过程很重要，企业需要加强过程管理，即对输入转化为输出的条件进行管理，找出最佳的转化路径以及最具效率的转化条件。

 控 局

注意掌握好分寸，避免用力过度

为了更好地控制企业，把握企业内外部环境变化的趋势，企业通常需要通过强化权力的方式来加强自身的干预能力和影响力。因此，管理者需要适度宣示自己的权威，需要强化自己的存在感，需要加强对内部员工的控制和引导。不过，企业的管理和控制手段必须把握好分寸，必须保持弹性原则，不能为了控制而控制。强制手段和高压策略具有一定的优势，但是如果不注意控制好力度，很有可能会产生反作用。

人们很容易受到外在环境的影响。外界环境的变化会向个人施加压力，一旦这种压力太大且超过个人承受能力的话，往往会产生两种负面结果：第一种就是个人变得异常低沉，完全被压力压垮，失去了自主行动的能力，主观能动性受到严重的制约；第二种是个人在压力下失去自我控制力，开始加大力度进行反抗，因为不反抗的话，自己可能会在压力下彻底失去自我，甚至彻底被压力束缚。

企业管理往往也是如此，许多人将控局等同于强权控制和强制性、压迫性的管理。为了强化自己的控制，他们会严格监督下属的工作，会想办法让员工每天都向自己汇报工作情况。这种跟随的、压迫的管理方式具有一些优势，能够对员工形成一定的威慑，确保员工认真工作，并减少错误的发生，

从而保证任务的顺利执行，但是长此以往会产生反噬，并对整个管理体系和权力机构造成严重的破坏。

比如，高层领导严格把控一切，想掌控公司所有的行动，就会对执行者施加巨大的压力。这就使得中层管理者对自己的管理工作非常谨慎，总是担心自己做得不好，担心自己会受到上级领导的问责。这样的状态又会延续到基层管理者身上，由于受到上级的严格监督和管控，他们非常担心自己一旦表现不佳，很有可能就会被降级或者裁掉。为了避免业绩不过关，基层管理者又不得不加强管理，对一线执行者进行高压管理。

当整个企业都在推行高压管理时，企业的活力和工作的弹性就会逐步丧失，并陷入"对人负责"而非"对工作负责"的怪圈。这时就伴随着工作效率下降，内部形成小利益团体等问题，而内部的对立和分裂也会加剧，进而影响团队内的凝聚力与合作意识，最终反而不利于控局。在这种层层加压的管理模式下，员工很有可能会丧失工作的兴趣，产生职业倦怠感，或者采取反抗姿态，故意和管理者唱反调，破坏内部的执行体系与合作体系，甚至选择离职。

针对这样的情况，管理者应该明确两点：第一，真正的控制力并不完全是权力、权威来决定的，管理本身还和企业文化、个人魅力有关，将权威和权力等同于控制，这本身就是一种错误的管理思维；第二，管理者的控制力往往不是由个人的权威决定的，而是来源于组织的权威，正是因为组织赋予管理者权力和地位，他们才有机会去引导和领导其他人，因此管理者真正最应该凸显的是组织权威。

管理者个人的权威固然重要，但是不能沉迷于对权力的控制和使用上。在管理团队的时候，管理者需要适当把握好分寸，避免双方的关系陷入僵局和对抗状态。

控 局

那么，管理者应该如何把握分寸呢？

首先，适当放宽管理，给予员工更大的权限和自由度，包括工作时间、工作模式、工作决策等。管理者需要充分赋能和授权，让员工更多地参与到工作当中，让员工拥有更多的自主决策权，确保他们可以在工作岗位上决定自己应该怎么做。当员工拥有更大的自主权和决策权之后，他们对于工作的激情会得到提升，对自己的认同感、对企业的归属感也会加强。

其次，在管理时要保持相对平衡的管理方式和激励方式，既要对员工身上的错误提出批评，也要对员工身上的优点给予赞扬和认同，确保正向激励和负向激励并存。同时，在激励某个部门或者小组的成员时，也要注意对其他小组成员进行激励，不能只顾着赞美这一个而刻意贬低另一个，聪明的做法就是尽可能保持均衡，确保内部不会滋生不满的情绪。

最后，管理者要改变那种刻板的形象，不要总是将权力和制度放在嘴上，而要注重个人魅力的释放。比如，更多地和员工接触，包括一起吃饭、一起度假、一起玩游戏、一起开玩笑，减少过多的指责，表达自己的亲和力。同时，也要表现出自信、自律、自爱、低调、谦逊的品性，给员工树立良好的榜样。

比如，字节跳动的创始人张一鸣，就要求员工不能称呼自己为老板或者董事长，就连老大这样的称呼也要避免使用。在称呼其他的管理者时，也不要带上职位，如不要出现"×××经理""×××主任"。张一鸣认为，这些职位称号往往带有一定的层级暗示，会限制和约束内部的交流，还会破坏内部的合作机制与公平。因此，他坚决反对在内部交流时戴上职位和头衔，而是巧妙

地给每一个人取了一个代号,在交流时只要称呼代号就行。

总之,对于管理者来说,控局有时候就像抓沙子一样,抓沙子的手握得越紧,沙子反而从指缝中流失越快。

 控局

真正的完美控局是达成一种平衡

人们对局势进行合理控制,并不是为了让所有的事情都按照自己的意志去运行,也不是为了让所有的事情都跟着自己的规划走,而是为了保证事情发展的大致趋势不会脱离控制,不会让自己感到无所适从。从这个角度来看,控局更多的是维持一种相对稳定的局面,是为了确保潜在的波动和变数不会破坏掉自己当前所存在的影响力。

控局强调的是稳定,而平衡本身就是稳定的一种基本形态,可以说,好的控局模式就是为了达成一种平衡状态,确保所有的重要因素都不会脱离当前的控制。平衡并不是所谓的平均分配,不是让每一个人、每一个方面都感到满意,它是一种相对均衡、相对公平的状态。

平衡首先表现为内部的均衡发展,包括权力结构的平衡、内部资源配置的平衡,也包括工作任务或者项目发展的平衡,这里的平衡并不是平均分配,不是绝对意义上的平均主义。企业的发展具有侧重点,权力和资源的分配也有高下之分,项目的发展也有先后顺序的划分。

许多企业为了提升效益,往往会将全部精力提升到自己最擅长的项目上,或者将资源全部投入到某一个工作环节当中,这就使得过分看重生产和精英,而忽略了管理;过度看重某一个项目,而忽略了其他项目的投入和精

英；过度看重那些精英分子，而忽略了对普通员工的关注；过度看重战略规划和长远发展，而忽略了对当下利益的适当获取。这些都是典型的失衡表现，会对内部的发展产生严重的破坏，比如公司的公平体系会被逐步肢解，影响内部的均衡发展以及员工的团结，也会使得企业的战略规划受到影响。

管理学上有一个著名的木桶理论。木桶理论认为，一个木桶最多能够盛放多少水，并不是由最高的那块木板决定的，而恰恰是由最低的木板决定的，木桶想要多装水，最好的方法就是将最低的木板适当增高。这个理论也适用于企业管理，企业在发展自身优势项目的时候，需要适当地将资源往那些弱项上倾斜，避免发展失衡，避免弱势项目进一步成为竞争对手攻击的对象。

有的企业重视生产经营活动，而忽略了内部的管理，结果相对滞后的管理会反过来抑制企业的发展，影响企业生产规模的扩大。有的企业重视生产和研发，而不重视营销，结果有好的产品和技术，却没有办法获得更大的市场，最终又导致生产研发变得毫无意义。由于不重视那些短板，导致企业自身的缺陷被不断放大，整体的发展陷入重重危机。

平衡通常还表现为内部和外部的均衡，即企业发展与市场的平衡，包括与竞争对手之间的平衡，与产业链上合作商之间的平衡。当然，企业的发展还需要兼顾外部竞争环境的变化，必须与环境变化相得益彰，可以说企业的完美控局离不开外界环境的动态生态平衡。

社会学中存在一个著名的半球理论，即那些在自己擅长领域或行业内保持领先位置的领导者，想要维持稳定、健康地发展，最多只能占据半个球那么大的面积。也就是说，它的市场占有量不能超过50%。当那些大企业试图垄断整个市场，试图占据市场一半以上的份额时，整个行业的生态环境就被破坏了，由于缺乏足够多的竞争对手，企业很快就会陷入创新不足、竞争意

 控 局

识衰弱的状况当中,最终被市场淘汰出局。诺基亚手机曾经占据了市场90%以上的份额,结果因为创新能力不足(抗拒新技术、新系统),被时代所淘汰。

企业应将自己的市场份额控制在50%以下,最好控制在三分之一为宜。这样就会给予其他竞争对手更大的生存空间,也让产业链上的企业有了更多的话语权和议价空间,确保整个行业的发展可以处于一种良性竞争的状态。这样,大家可以实现共同进步,进而推动行业快速发展。

华为创始人任正非曾经说过:"就像西瓜切成八块,我只要一块。我跟日本的公司说,我绝不会去搞物理的,我就是搞数学逻辑。这样日本的公司就放心了,我不会泄露它们的材料技术,譬如永远不会搞氮化镓。我跟微软也说了,我永远不会搞搜索,微软也就放心了。在国际分工中,我们只做一点点事,以后也只能做一点点事。"企业在面对市场竞争的时候,就要具备这样的高层次认知,将自身的发展纳入整个市场生态链当中去考量。

平衡是一种有效的管理方式,因为影响企业发展的各个要素之间往往存在一定的关联性,它们也按照某种相对稳定的比例存在。这种关联性和稳定性很容易受到外部环境变化的影响,一旦变化太大的话,就会打破原有的稳定性结构,导致之前的比例被破坏掉。这个时候平衡也就会被打破,企业对于内外部环境以及事物发展趋势的把控就会失衡,只有重新建立平衡,重新打造相对稳定的状态,才能够保证局势不会失控。

第八章 想要完美控局,需要培养正确的认知

控局的第一步就是立即执行

《高效能人士的七个习惯》的作者史蒂夫·柯维有一次给一个20人小组授课,这个小组中的成员都是保险总代理,平时工作很忙,因此非常反感内部的形式主义。当天,他们围在一起抱怨公司的培训工作和发展计划,并且认为这样的培训工作根本没有任何意义,因为大家在培训过程中没有任何交流,根本学不到什么东西。

史蒂夫·柯维了解情况后,直接询问他们,既然明知道这些形式主义没有价值,为什么不进行改革呢?

没想到,这些平日里能言善辩的保险总代理此时却默不作声,因为他们虽然也想过类似的问题,也能够制定完善的改革方案,但是从来没有人主动在公司里提过这些问题。他们始终觉得,这些并不是自己最重要的工作,而且公司的董事大概率不会同意这些改革方案,似乎所有的领导都喜欢搞形式主义。

见大家都陷入沉默,史蒂夫·柯维当场提出了建议,让大家安排代表与公司高层进行沟通。不仅如此,他还为这些保险总代理们提供了一些好的建议,那就是通过内部演讲和汇报工作的方式将变

革方案上报给公司高层领导。为了提升成功率,他们在史蒂夫·柯维的指导下,提交了一份详细的计划书,结果公司高层在见到计划书后非常满意,并没有像预想的那样进行反对,而是欣然接受了相关的改革建议。

一个人或者一家企业之所以能够获得难以企及的成功,能够牢牢掌控市场主动权,往往不是因为他们拥有天马行空的想法,拥有强大的创新意识,而在于他们拥有强大的执行力。正是因为敢想敢干,他们总是可以先人一步找到解决问题以及控制大局的方法。相比之下,如果人们总是将大量时间花在"犹豫自己是否应该去做"的思考中,即便他们产生了出色的创新理念,即便他们对于未来拥有最好的规划,即便他们具备了高层次思维,但是由于缺乏执行力,他们的所有伟大创举都仅仅停留在思考层面,所有伟大的战略规划都停留在纸上。

拖延成了多数人、多数企业面临的一个大问题,很多人会认为拖延是因为个人接收到的信息太多,以至于一直拿不定主意,一直想要获得更多的信息来帮助自己做出判断和决策。但从现实情况来分析,导致拖延心理形成的原因并不是信息太多造成的思维混乱,而恰恰是因为人们无法耐心地搜集更多的信息来支持自己的决定。心理学家发现,那些遇事犹豫不决,喜欢胡思乱想的人,往往会在逃避更多的信息,因为他们没有足够的耐心去掌控更全面的信息,然后从中选出最适合自己或者自己最需要的信息。

这个世界上永远不缺好点子,永远不缺少好的思维,缺少的是立即行动的决心。当很多人还在纠结和犹豫自己这样做是否有效果时,优秀的人已经果断采取行动。萌生在网上卖书想法的人有很多,甚至很多人比贝索斯更早,贝索斯曾经的老板就谈到了网络购物的前景,但是这些人都没有勇气去付诸实践。贝索斯的优秀在于他拥有很强的执行力,他一手打造了亚马逊,成了网络书店领域的掌控者和领导者。马斯克也是这样,他拥有最具冲击力的疯狂想法,也拥有最令人疯狂的实际行动,无论是电动汽车、发展火箭技术移民火星,还是推动智能机器人研发和真空管道超级高铁项目,他总是想到什么就去做什么。

比尔·盖茨说过,很多人对手头的事情不是做不好,而是根本不去做。恐惧和逃避往往会让人产生拖延症,而拖延症最终会摧毁人们做事的信心和决心。因此,对于企业以及相关管理者来说,最重要的不是认为自己是什么,能够做什么,拥有什么想法,或者认为自己能够做什么,而是在建立自我认知之后,尽快落实。无论是个人的计划和目标,还是个人的想法和理念,最终都应该落到实处,只有执行相关的规划和想法,才有机会掌控大局。

那么,企业应该如何提升内部的执行力呢?

关于这一点,执行者可以选择参考"信心—目标—反馈"的执行激发模式,运用这一模式来激发出强大的执行意识。

首先,管理者应当给予自己或者其他执行者更多的工作信心,必须反复告诉自己"我有能力做好这些事"或者"你有能力做好这些事情,你非常适合做这些事情",这样可以在心理层面给自己增加信心。

其次,管理者要给自己或者其他执行者制定明确的目标,明确具体要做到什么程度。在制定目标的时候最好进行量化处理,当目标明确之后,执行者才有了行动的方向。

不过,仅仅拥有目标还是不够的,因为在执行之前,以及在执行的过程中,执行者的情绪很容易出现变动,对于事物发展现状的评估也会出现变

动,这就使得他们可能会拖延自己的行动,甚至直接放弃。因此,管理者需要想办法及时提供必要的信息反馈,对相关的工作部署和已经取得的成果给予肯定,通过积极的信息反馈来增强执行的信心。

第九章
不同状态下,要选择不同的控局方案

大企业控局靠势，小企业控局靠谋

在谈到控局的时候，许多企业可能会盲目模仿其他企业的控局方式，看看对方是如何操作的，看看对方使用什么样的策略和方法。但从企业发展的角度来说，不同的企业具有不同的特点，面临的环境也不同，控局的方式往往也不同。这就像大企业与小企业一样，它们在控制局势的时候，通常也会表现出不同的特点。

一般来说，企业的规模越大，实力越雄厚，对于市场的影响力越大，受到市场的影响同样不小。为了获得更好的发展机会和发展空间，这类企业通常需要及时了解内外部环境的变化，需要想办法对局势的发展做一个基本的判断，包括行业的发展趋势、技术的进步模式、国家的政策支持方向，以及内部管理所呈现出来的一个基本趋势。对于它们来说，由于规模普遍较大，抗风险能力比较强，企业发展的灵活性较差，想要进行快速调整会显得比较困难，只能选择把握大局，包括一些方向性的掌控和全局性的把握。这就像大卡车不可能非常灵活地实现转弯和掉头，为了避免走错路，卡车必须牢牢把握好前进的方向，弄清楚自己要前往哪个地方，只要方向对了，卡车就可以放心地向前行驶。

2020年上半年，格力的总营收为706亿元，其中空调营收为413.33亿元；美的集团的总营收达到了1397亿元，其中空调营收更是达到了640.3亿元。如果说美的集团的总营收占优是因为多元化的布局，那么在空调业务上首次占优，则凸显出了美的集团快速的发展势头以及出色的竞争力。

2020年，美的集团开始在空调领域压制格力，而这对于格力来说是一个巨大的挑战和压力。为了夺回第一的宝座，格力采取了一个非常重要的策略，那就是进行线上直播。董明珠更是亲自上阵带货，因为美的集团就是依靠线上市场来获得竞争优势的。

因为直播带货，格力的线下经销商集体反水，这对格力造成了巨大的冲击。董明珠认为线上直播已经是大势所趋，格力这头大象必须及时进行调整，把握住这个趋势和方向，否则格力将会彻底失去竞争优势，被更多的竞争对手赶超。2023年上半年，董明珠认为格力基本上成功转型，线上销售渠道的增加有效提升了企业的销售额，也为格力的渠道改革注入了更大的活力和信心。在未来很长一段时间，线上销售与线下销售的结合会成为格力销售体系的主流。

很多大企业在发展过程中都会面临格力这样的困境。许多企业家会认为是不是自己的技术不够先进，会认为自己的资源正在压缩，会认为自己的品牌影响力正在下降，可是真正的问题往往在于对趋势的把握不准，或者说并没有认真去了解趋势是什么。企业专注于当下的竞争，专注于当前的发展模式，却忽略了外界环境的不断变化尤其是趋势的改变，本身就会成为企业发展巨大的阻力。真正优秀的企业会跳出惯性思维圈和舒适圈，站在市场发展、行业发展和时代发展的角度来看待趋势，将企业发展与时代发展紧密结

合在一起。弄明白自己下一步应该做什么，竞争对手在考虑下一步做什么，然后找到把握趋势和掌控局面的方法。

小企业则恰恰相反，小企业的实力比较薄弱，抵御风险的能力比大企业要差很多。由于体量较小，外界市场的变化所施加的影响力相对有限，而且小企业的优势在于机动灵活，可以快速实现掉头和转身，及时调整自己的发展方向和发展策略。它们就像小汽车一样，可以非常灵巧地躲避路障，及时更改路线，因此对它们来说应对各种困难和危机的谋略往往更为重要。至于社会是不是往人工智能的方向发展，国家是不是在支持高科技产业，对小企业来说并不那么重要，因为即便牢牢把握趋势，小企业也无法在大趋势下做出一番很大的成就。相比于那些高大上的愿景，小企业更应该脚踏实地，关注自己的产业，当大环境发生变化时，即便自己没有提前把握住趋势，也能够及时转型。

小企业是否能够在第一时间把握趋势并没有那么重要，相比之下，它们更应该关注的是一些比较具体的经营管理场景。管理者更需要运用自己的谋略来谋划和管理具体的生存项目，包括某一项业务、某一个项目、某一款产品、某一种技术，以及管理某一个团队。只有依靠更出色的谋略和更灵活的管理方法，才能应对各类经营管理的场景，也才能更好地控制局面。

比如，规模很小的组装工厂对于行业发展趋势，对于时代发展趋势的把握并没有那么迫切，这家组装厂没有必要立即做出改变，因为即便不做出什么改变，行业的变化也不会立即影响它的生意。在多数时候，组装厂真正应该考虑的是如何生产一款新产品来拉拢客户，如何做好产品的营销工作，如何在竞争中占据优势，如何确保内部保持团结一致。小企业需要立足当前，运用自己的谋略，更好地掌控局面，确保相关的人和事可以处在一个相对稳定的状态。

总之，大企业更加看重的是一个大致的趋势和方向，而小企业则需要在具体的事务上花费精力进行调整，尽可能保证自己在一些重要事项和重要环节上不会出差错。

顺势时经验至上，不顺时寻求突破

企业的发展存在一定的周期和波动，有时候企业会遭遇困境，有时候又会表现得一帆风顺。在不同的发展阶段和不同的环境中，企业的发展都可能会呈现出不同的特点，而企业状态的起伏和波动也会要求控局方式做出相应的调整。具体的做法就是：顺势时经验至上，不顺时寻求突破。

所谓顺势时经验至上，是指当企业的发展顺风顺水的时候，最应该做的就是继续保持稳定的发展态势，不要轻易做出太大的调整，以免产生负面影响。一般来说，当企业的发展相对平稳而且走势很顺的时候，就证明企业现有的资源组合模式、现有的优势项目、现有的经营管理方法都被证明是有效的，这些要素都起到了推动企业发展的作用。企业短时间内没有必要去冒险做出太多的改变，只需要按照现有的模式继续运作下去，企业就可以继续稳定当前的局势，确保自身的利益不会受到影响。因此，整个控局的思路基本上以维持现有的模式为主，因此只要继续参照以往的经验去经营管理即可。

而参照以往的经验并不意味着完全沿用过去的方式、办法和经验，用一种线性的思维方式进行控局并不合理，因为内外部的环境始终在不断变化，无论这种变化是大是小，都会对控局提出新的要求。企业必须适度进行调整，大的方向和方针可以不变，但具体执行的方法和策略需要做出调整。

 控局

比如，一家公司正处于上升期，慢慢进入高速运转的状态。这个时候，企业的营业额不断增加，产业链越来越完善，市场份额逐步扩大，企业的技术研发水平和管理水平都处在非常高的层次上，企业充满活力，而且稳定性非常好。面对这样的情况，最好的方式就是将这样的趋势继续维持下去，企业不需要花费太多时间和精力去思考自己应该如何做出改变，而且也没有必要做出太大的改变，因为任何一种变化都可能会打破现有的稳定和平衡状态，给企业的发展制造麻烦。企业管理者没有必要特意去改变管理体系，没有必要去推进商业模式的变革，也没有必要对企业文化和组织架构进行大的调整，基本上维持不变就是最合理的选择，因为只要不轻易发生变化，企业还可以按照目前的状态继续发展下去。

反之，当企业发展不顺甚至陷入困境的时候，就意味着以往的控局方法可能已经失效，或者说至少存在很大的漏洞和不足。这个时候，如果继续按照老方法、老策略去控制局势只会让局势变得更加艰难，企业很有可能会面临很大的风险。比如，管理上进一步变得低效而混乱，对外竞争方面则越来越落后于对手，市场份额快速萎缩，直至被对手淘汰出局。为了及时稳住颓势，企业要做的是想方设法进行变革，打破现有的发展模式和规则，寻求新的扭转局势的方法。

星巴克最早是由三个西雅图人创办的。1971年，三个人受到了一位喜欢烘烤咖啡豆的企业家的影响，在西雅图开设了第一家星巴克门店。在经营门店的前15年时间里，他们只出售烤咖啡豆、香料、茶叶，还摆放了少量新鲜的咖啡用作样品来展览。

1987年，星巴克遭遇严重的财务危机，公司不得不出售星巴克的零售部门。原本在星巴克担任过营销总监一职的霍华德·舒尔茨

把握住机会，成功收购了星巴克的零售部门。他认为咖啡豆的业务既然已经无法推动公司的成长，甚至开始制造各种阻力，那么不妨想办法寻求突破，于是他将卖咖啡豆的星巴克转型为一家闲适咖啡店。这一举措让星巴克获得了新的生命力，规模不断扩大，并开始走向世界。在之后的20年时间里，星巴克一直按照舒尔茨的思路去发展，成长为全球最知名的咖啡连锁店。

2008年，金融危机席卷全球，星巴克也不可避免地遭遇股价低点和运营颓势，仅仅在2006—2008年期间，星巴克的股价就下跌超过76%，已经退休的舒尔茨只能再次回归。上任之后，舒尔茨做了几次重大变革：每天关闭美国门店3.5小时；所有咖啡师开始重点学习如何制作意大利浓咖啡，将原有的意大利浓咖啡机更换成瑞士产的高档机器；舒尔茨向客户开放自己的个人邮箱，客户有什么问题可以直接向他反馈；公司还涉足股票和期货，获得更大的收益。舒尔茨为星巴克打造了新的愿景，那就是"成为永续发展的伟大公司，在全球创建最著名和最令人尊重的品牌，以激发和孕育人文精神而闻名于世。"经过变革，星巴克在之后的10年时间里，股价直接上涨了1350%。

企业如何进行控局，通常都要与自身的发展情况紧密结合，也就是说，企业需要考虑到自己的发展趋势，或者说要对自身的发展趋势进行控制，而不仅仅是关注外部环境的变化趋势。这种对自身"势头"的把握，需要确保企业拥有更敏锐的自我感知能力和强大的自我剖析能力。企业不仅要及时发现"现象"，即具体发生了什么事，也要懂得分析"现象"背后的"成因"，即为什么会出现这样的情况，是什么导致了这种情况的发生。对成因

的深究和分析就可以帮助企业更好地了解接下来一段时间会发生什么，以及应该如何去做。

企业一帆风顺的时候，整个发展态势趋于平稳上升（某一段时间内能够保持上升趋势），这个时候，企业要做的就是维持这些正确的经营管理方法。同理，当企业长期走下坡路时，企业一定要深入现象去挖掘深层次的原因，弄明白是什么在阻碍企业继续往前发展，哪些经营管理因素出现了问题。找到原因后要尽快寻求解决问题的方法，及时做出改变，找到新的突破口。

总之，企业发展出现波动很正常，但是如果在较长时间段内都保持上升或者下滑的态势，企业就需要针对性地做出调整，想办法强化对局面的控制。

第九章 不同状态下,要选择不同的控局方案

新兴行业与传统行业的控局方案

企业的控局思维通常和自身的特点息息相关,不同类型、不同行业的企业,往往会制定不同的策略和方法,因为行业属性会直接影响企业的发展模式、管理模式以及经营理念。无论是内部管理还是对外竞争,企业都会呈现出截然不同的特点,比如传统行业和新兴行业的控局方案就存在很大的不同。

传统行业通常是指那些劳动力密集型的、以制造加工为主的行业,像制鞋、服装、光学和低端机械制造业等行业都是传统行业的范畴。新兴产业通常随着新的科研成果和新兴技术的诞生而出现,是一些运用新技术的经济部门或行业,主要包括节能环保、新一代信息技术、生物、高端装备制造、新能源、新材料和新能源汽车七个产业。两者所属的行业环境和特色,决定了会采用不同的方式掌控大局。

首先,传统行业需要花费时间在红海中竞争。它们想要在红海中立足,获得更大的生存空间,就要想办法扩大规模,因为红海中最基本的竞争策略是大鱼吃小鱼。虽然一些传统行业也会想办法进入蓝海,但是在多数情况下,由于转型压力更大,很多企业反而愿意停留在红海区域。

新兴行业更多会坚守蓝海战略,考虑到外部环境以及行业自身的快速变

化,企业需要保持更加灵活的调整能力,需要想办法寻找差异化。对它们来说,想要在市场上脱颖而出,一定要选择新的商业模式、新的技术、新的管理方式、新的营销模式、新的服务体系,或者打造新的流程。从某种意义上来说,企业努力确保自己可以在市场上与众不同,这是新兴行业中的一个典型特征。此外,由于行业环境变化快,新兴行业大都看重发展速度,竞争策略是快鱼吃慢鱼。

比如,很多低端的机械制造公司为了在行业中更长久地生存下去,那么最常见的方式就是扩大发展规模以及市场份额,它们需要找到更多的客户和买家,需要不断生产和销售更多的机械来占领市场。尽管机械制造业也需要技术更新,也需要创新,但是所有的创新都是为了拓展规模,以确保可以更好地获取生存空间,同时牢牢掌控局面。而一些新能源公司更加看重创新,因为只有创新才能带来竞争优势,才能掌控市场的主动权,而且新能源公司的规模化成长本身也是建立在创新基础上的。

其次,传统行业通常更加讲究集权控制和权力中心化。这类企业更加迷信领导者的权威,会通过强化领导者的权力来加强对企业的控制。一般来说,管理者不喜欢分散手中的权力,他们对员工的唯一要求就是按照指令去执行。这类企业往往会构建一个强大的层级管理机构,确保每一层都可以严格控制下一层级的人,从而达到自上而下的管控。

新兴行业则更加侧重于分享、权责明确以及分布式管理,管理者不会将权力和利益牢牢控制在自己手中,而是想办法分享给更多的人,让更多的人积极参与到企业发展的工作当中,激发出他们的主人翁意识,强化他们的主观能动性。员工不仅仅是执行者,还是创造者,还可以成为决策者,成为某个小团队的核心。

很多传统行业想要跟上新形势,往往也会选择借助信息技术和互联网技术，甚至主动学习新兴行业的运作方式，但效果往往并不好。这是因为传统行业的组织结构和权力结构，决定了它们不可能像新兴行业的企业一样灵活，一样具备出色的市场感知能力和高效的内部管理能力，权力中心化的模式以及层级制度会影响员工的工作积极性。而新兴行业中的企业更加注重扁平化和网络化的组织架构，更加重视对员工的赋能，它们更习惯于让员工发挥更大的主观能动性，以此来强化管理并推动企业发展。

最后，传统行业喜欢追求规模，因此会想方设法通过资源投入的有效控制来降低成本，包括使用更便宜的原材料（进货渠道的控制），使用报价更低的劳动力（人力资源控制），以及减少浪费。而新兴行业大都重视效率的提升，通过创新模式来提升效率，从而降低成本。新兴行业并不会刻意强化资源成本的控制，对于它们来说，单纯的成本控制并没有太多意义，与其花费时间省钱，还不如提升效率。

传统行业中的企业为了降低人力成本，会选择那些更廉价的劳动力，因此它们常常需要往那些劳动力廉价的地方迁移。很多低端制造业从中国珠江三角洲迁往越南、柬埔寨、菲律宾，就是因为东南亚地区的劳动力更便宜，劳动力成本控制更好。而新兴行业的企业更多地会寻找那些优质人才集聚的地方，高端人才往往才是它们的优先选择，因为高端人才往往意味着更高的技术，意味着更大的创新能力和更高的效率。因此，它们更愿意在人力资源上投入更多。

传统行业与新兴行业之间有很多差别，但两者之间同样具备一定的关联性，一些传统行业还会向新兴行业转变。例如，制造业通常被划归到传统行业当中，可是如果相关的公司发明了一套颠覆性的技术，或者在某些新兴产业领域获得了突破，那么这些企业就可以转化并进入到新兴行业当中。此外，新兴行业也可以向传统行业学习，比如传统行业中有很多百年企业，可

以向这些企业学习如何打造一个超长的发展周期，如何打造一个强有力的系统等。

总之，传统行业与新兴行业之间相互学习和借鉴，可以取长补短，令企业发展得更好。

第九章 不同状态下,要选择不同的控局方案

不同发展阶段的控局方式不同

控局本身需要随着环境的变化而不断变化,需要随着自身发展而不断变化。也就是说,在不同的环境下,在不同的发展阶段,企业面临且需要解决的问题不同,应当采取的控局方式和控局方案自然也不相同。

以企业发展为例,在企业最初的发展阶段,企业家以及整个团队不要总是想着如何成为世界500强,或者成为行业前三,也不要总是想着如何突破百亿元、千亿元的营业额。企业在这一阶段真正要做的就是努力生存下去,这才是保持稳定的关键,也是完美掌控局势的一个基本前提。对于企业来说,起步阶段的主要任务就是打基础,就是争取在竞争激烈的环境中生存下去,然后慢慢拓展生存空间。生存就是控局的基本任务,所有的业务开展和策略的使用,都是为生存这个第一要务服务的。很多企业在发展的最初阶段往往会选择较为粗犷、野蛮的发展模式,而且会集中力量搞生产,为的就是提高生存概率,这个时候通常会存在管理滞后,生产效率偏低、流程混乱等情况。可是对于企业来说,能够在市场上生存下去就是最大的成功,就是对局势的完美掌控。

企业生存下来后会慢慢进入高速发展通道。这个时候,企业的发展规模达到了巅峰,市场份额也很大,企业的资源、技术、渠道等要素都具备了

很强的竞争优势。不过，企业很快会意识到管理滞后带来的严重阻碍，它们无法再做大做强，没有办法从一家发展不错的公司进化成为优秀的公司，无法从大企业进化成为行业的领头羊，而且企业的内部开始出现各种各样的问题，包括腐败、低效、封闭、内斗等情况。

面对这些情况，企业的内部通常会进行改革，不再全心全意搞生产，而是着手打造一套更加完善的管理体系，打造更高效的组织架构、构建更合理的流程、组建更加强大的人才队伍、推行更完善的制度、实施更加优良的企业文化。通过变革，企业会逐渐改变大而不强的局面，继续提升自己的竞争力和市场影响力，努力打造一个强大的品牌。

随着企业度过发展的黄金期，发展速度和获得的效益开始不断下降，这也是每个企业都会经历的状况。在这一阶段，企业会发现自己的竞争优势在缩小，市场也在慢慢萎缩，它们开始担心自己会慢慢被市场淘汰，会沦为一家毫不起眼的普通公司，甚至直接破产倒闭。为了能够继续把控局面，企业会开始积极谋求转型，希望找到新的经济发展引擎。

英国管理学家查尔斯·汉迪在长期观察大量企业长年的发展状况后，提出了企业增长的第二曲线理论。他认为，任何一家企业都有所谓的生命周期，这就是企业的第一曲线。而想要避开生命周期中的衰弱期，就需要不断迭代和创新，找到第一曲线之外的"第二曲线"。

一般来说，在建立第二曲线时，企业需要找准时机，在第一曲线消失之前，找到并开启第二曲线，推进业务创新转型。有经验的企业会在第一曲线到达顶峰之前就开始选择第二曲线，这样当第一曲线经过顶峰并开始下滑的时候，第二曲线开始处于上升趋势，从而实现第一曲线和第二曲线之间的完美衔接，保证企业的收益和发展不会受到太大的影响。

在不同的发展阶段，企业面临的发展情况不一样，各项要素的组合以及

第九章 不同状态下,要选择不同的控局方案

优势也存在差别,这就要求企业在掌控趋势的时候,必须按照具体的情况制定具体的方案,必须精准地控制好自己的发展状态和发展节奏。

张一鸣在创建字节跳动的时候,当时的互联网市场基本被阿里巴巴、腾讯、京东、百度这些互联网巨头垄断,他的公司在市场上毫无竞争力和知名度。为了赢得更大的生存空间,张一鸣决定先推出轻娱乐风格的产品。为了快速抓住用户的眼球,短时间内吸引更大的流量,提高生存的机会,字节跳动公司采取地毯式孵化的模式,一口气推出了搞笑囧图、内涵漫画、内涵段子、早晚必读、好看图片、我是吃货等几十款内容社区APP,然后投放到各个应用商店用来引流。为了提升APP的生存率,字节跳动还开发了一套"交叉兑换系统",方便把各款APP上的用户进行迁移。

随着APP的引流能力不断提升,字节跳动在行业内小有名气。2012年8月份,公司又推出了爆款产品——今日头条。这是一款基于数据挖掘的信息分发产品,整个系统会采集海量的信息,接着利用技术挖掘相关的数据,并依靠智能化的方式分析出那些最热门且最值得用户关注的信息。

今日头条的推出,让字节跳动进入发展高峰期。不过,张一鸣很快发现了问题,那就是企业很容易按照自己的规划去发展技术,打造产品,结果很多产品并不迎合市场需求,字节跳动推出的很多产品就面临这样的情况。为了解决这个问题,字节跳动着手打造一个稳定而强大的用户反馈系统,及时搜集用户反馈的信息,并以此来指导企业的发展。作为一家崇尚技术创新的企业,字节跳动发现员工的工作积极性不断下降,很多员工甚至失去了创业初期的工作

热情。为了进一步激发员工的积极性，公司选择使用目标与关键成果法，通过明确公司总目标，然后层层分解成各种小目标，并且明确每一个目标达成的可衡量的关键结果，这样就有效保证了企业稳步发展和进步。

今日头条虽然发展迅速，但引流作用也慢慢达到了一个极限。这个时候，字节跳动开始寻找新的发展引擎，2016年9月抖音应运而生。它的运作模式和逻辑与今日头条有些相似，但不同于今日头条的图文，抖音以短视频的形式呈现内容。通过为用户提供个性化的视频流，抖音迅速成为市场的新宠，而字节跳动也因此打破了发展瓶颈，并正式走上国际化发展的道路。

每个企业都拥有自己的生命周期，而在这个生命周期内，企业所面临的环境以及发展的状态都是不断变化的。想要真正实现完美控局，就要懂得审时度势，选择不同的方法、不同的策略、不同的模式来推动企业的稳定发展。